AF366078

ÉTUDES

SUR LA

MUSIQUE ECCLÉSIASTIQUE GRECQUE

PARIS

TYPOGRAPHIE GEORGES CHAMEROT

19, RUE DES SAINTS-PÈRES, 19

ÉTUDES

SUR LA

USIQUE ECCLÉSIASTIQUE GRECQUE

MISSION MUSICALE EN GRÈCE ET EN ORIENT

JANVIER — MAI 1875

PAR

L.-A. BOURGAULT-DUCOUDRAY

PARIS

LIBRAIRIE HACHETTE ET Cⁱᵉ

79, BOULEVARD SAINT-GERMAIN, 79

1877

PRÉFACE

———

Le principal but que nous nous proposons en publiant ce livre est de faciliter aux Occidentaux l'étude de la musique orientale, trop négligée jusqu'ici. On trouvera à la fin de notre volume la clef de la notation actuellement en usage en Orient : cette clef peut ouvrir à tous ceux qui le voudront un domaine aussi vaste qu'inexploré.

Nous conseillons vivement aux musiciens-archéologues qui se sentiraient attirés vers ces études, de traduire en notation européenne le plus grand nombre possible de chants orientaux (chants religieux et chants profanes). En le faisant, ils rendront à la science et à l'art un service éminent.

Puisse notre travail contribuer à jeter un peu de clarté sur la question jusqu'à présent si obscure de la musique ecclésiastique, et la solution que nous proposons pour la réforme musicale en Orient, encourager les Grecs à ne pas se séparer de leur musique nationale !

Tout dernièrement, une commission musicale nommée par le Syllogue littéraire de Constantinople décidait qu'il était urgent de transcrire en notation européenne tous les chants de la liturgie grecque. Nous ne saurions trop nous réjouir le jour où nous verrions exaucé un vœu que nous avons émis bien souvent pendant notre voyage en Orient et qu'on trouvera formulé dans un chapitre de ces Études. Il est à désirer que cette intelligente et patriotique décision soit bientôt suivie d'effet. En attendant, notre livre permettra à tous ceux qui savent le français et la musique européenne d'apprendre en peu de temps la notation orientale et de contribuer à mettre en lumière l'Orient musical.

Dans le jugement que nous portons sur l'état actuel de la musique ecclésias-tique, au point de vue de l'exécution, nous avons dit notre sentiment, sans rien déguiser. L'intérêt que nous portons au développement de la musique chez les Hellènes nous faisait un devoir de cette franchise ; elle ne blessera personne si l'on comprend bien le sentiment qui nous a guidé.

Nous ne saurions trop remercier ceux qui nous ont aidé dans la mise en œuvre des matériaux que nous avons rapportés d'Orient pour ces Études.

Nous avons déjà eu l'occasion de dire quelle part l'ex-directeur de l'École française à Athènes, M. Ém. Burnouf a bien voulu prendre aux travaux de notre mission. Nous sommes heureux de lui en exprimer encore ici notre recon-naissance. Si, quand nous avons tenté d'apprendre la musique ecclésiastique, il ne nous avait prêté au début une généreuse assistance, nous aurions sans doute été rebuté par la difficulté de l'entreprise. Depuis notre retour, il n'a cessé d'être pour nous le plus précieux des conseillers, le plus dévoué des colla-borateurs.

Notre savant ami, M. E. Ruelle, nous a aussi aidé de ses conseils judicieux, notamment en ce qui concerne la question délicate des rapprochements à faire entre la musique byzantine et la musique antique. Enfin M. Cassiotis, toujours dévoué aux études faites dans un intérêt hellénique, a bien voulu, par sa con-naissance des textes liturgiques, nous épargner de longues et pénibles recherches. Nous leur en témoignons toute notre gratitude.

L. A. BOURGAULT-DUCOUDRAY.

Paris. 8 août 1877.

ÉTUDES

SUR LA

MUSIQUE ECCLÉSIASTIQUE GRECQUE

CHAPITRE PREMIER.

GÉNÉRALITÉS.

La musique ecclésiastique grecque diffère essentiellement de la musique antique par son écriture, et beaucoup par sa théorie.

Les efforts des théoriciens grecs (modernes) pour établir une filiation claire entre ces deux musiques témoignent seulement d'un désir d'unité vigoureux et persévérant dans l'esprit hellénique. Tantôt ils ont mal compris, en les citant, les passages des anciens sur lesquels ils s'appuient; tantôt ils reproduisent d'anciens préceptes actuellement sans objet, car ils s'appliquent à des faits qui ont disparu de la pratique.

Est-ce à dire qu'il n'y ait aucun vestige de l'ancienne musique grecque dans la musique byzantine? Doit-on voir dans cette dernière un art importé en Grèce de toutes pièces, et sans aucune relation avec la tradition antique? Suivant nous, ce serait là tomber dans une autre exagération.

Les différences qui existent entre l'art byzantin et l'art grec, quelque considérables qu'elles soient, s'expliquent par la transformation du goût sur place aux différentes époques (transformations auxquelles n'a échappé aucun art), et par l'introduction successive d'éléments étrangers que dut rendre inévitable la chute de la civilisation antique.

La musique grecque était dans un état complet de décadence à l'époque de la conquête romaine. Un art aussi compliqué demandait, pour se soutenir, un degré de civilisation éminent. Le point culminant pour la Grèce fut éblouissant, mais court. Le génie romain put s'imprégner des rayons de l'art hellénique à son déclin; il ne put en faire revivre toutes les finesses. Déjà, vers la fin du quatrième siècle av. J.-C., le genre *enharmonique* n'était plus guère usité; il disparut entièrement du domaine de la musique pratique chez les Romains. Le genre *chromatique* vécut un peu plus longtemps. Importé à Rome, il se prolongea jusque vers la fin de l'empire; mais nous ne trouvons aucune trace de ce genre, non plus que de l'*enharmonique*, dans les rares spécimens de musique antique qui nous sont parvenus. Les mélodies grégoriennes, dans lesquelles il faut voir un débris de l'ancien art grec, ont un caractère purement *diatonique* (1).

Il n'en est pas de même de la musique byzantine. Celle-ci joint à la possession du genre *chromatique* le fréquent usage d'intervalles *altérés d'un quart de ton*. Il n'est pas impossible que la gamme *chromatique* actuelle, sur laquelle sont construites toutes les mélodies ecclésiastiques appartenant au *second mode plagal* et un grand nombre de mélodies populaires, dérive de l'antiquité. Quant aux *intervalles altérés*, ils diffèrent essentiellement des *quarts de ton* propres à l'ancien genre *enharmonique*, mais rappellent certains genres *mélangés* dont les auteurs font mention.

Dans l'ancien genre *enharmonique*, le *demi-ton* placé au grave du *tétracorde diatonique* se subdivisait en deux *quarts de ton*, et l'on supprimait la note placée un degré au-dessus. [Au moyen du signe ♭ mis devant une note nous indiquerons l'altération d'un *quart de*

(1) Nous savons que M. Vincent et M. l'abbé Raillard ont cru rencontrer, dans l'Antiphonaire de Montpellier, une preuve que le *quart de ton enharmonique* a été employé dans le chant liturgique romain; mais c'est là une opinion toute personnelle qui appartient encore au domaine de l'hypothèse, et sur laquelle nous ne sommes pas en mesure de nous prononcer.

ton en descendant, et au moyen du signe **+** l'altération d'un *quart de ton* en montant.|

Dans aucun *mode* de la musique ecclésiastique grecque, on ne voit une note supprimée systématiquement dans un tétracorde, par suite de la division du *demi-ton* en deux parties égales. Toutes les notes de l'octave figurent dans chacun des modes ; seulement il arrive que quelques-unes d'entre elles sont accordées un *quart de ton* plus haut ou plus bas que dans l'échelle *diatonique*. En réalité, ce ne sont pas là des *quarts de ton* proprement dits, mais des intervalles de *trois quarts* ou de *cinq quarts* de ton. On peut se faire une idée des altérations dont on fait un fréquent usage dans la musique ecclésiastique grecque, d'après l'échelle suivante, adoptée pour le *second mode* de cette musique :

Cette échelle reproduit exactement *un ton plus haut* les intervalles qui caractérisaient, suivant Aristoxène, cette variété du genre *diatonique* appelée *diatonique mou :*

C'est donc à tort que les théoriciens byzantins se flattent d'avoir conservé dans leur musique l'ancien genre *enharmonique*. En revanche, il est certain qu'on y retrouve ces variétés de genres de chant désignées par les anciens sous le nom de χρόαι.

L'emploi d'intervalles autres que le *ton* et le *demi-ton*, dans la musique ecclésiastique, vient-il de la tradition ou de l'influence de l'Asie? Nous avons montré ce qu'il peut y avoir d'antique dans l'origine des notes élevées ou abaissées d'un *quart de ton*. Il convient de faire aussi la part de l'influence asiatique.

Dès ses débuts dans le monde, la race grecque, placée sur les confins de l'Europe, s'est trouvée en contact, c'est-à-dire en lutte, avec les races sémitiques. L'influence de l'Asie fut assez grande à l'origine pour que *deux* des trois *modes* fondamentaux de la musique grecque aient été importés, l'un de Lydie, l'autre de Phrygie. Si, à son aurore, le génie grec consentit à de pareils emprunts, plus tard, à une époque de décadence et de vieillesse, ne dut-il pas subir plus facilement les introductions étrangères? Cet empiétement du goût de l'Orient sur celui de l'Occident trouva, pour se produire, une circonstance des plus favorables quand le christianisme, succédant au paganisme, submergea le monde antique.

Les conquêtes d'Alexandre avaient bien pu porter l'usage de la langue grecque jusqu'en Bactriane ; elles n'avaient pas supprimé pour cela les instincts et les goûts des races vaincues. S'il est vrai que, dans tous les pays qui servirent de berceau au christianisme, la langue grecque était répandue, les populations de ce pays n'avaient pas abdiqué pourtant leur caractère, ni répudié leurs arts. « Il est à peu près certain, dit Fétis dans le 4ᵉ volume de son *Histoire générale de la musique*, que les chants de la primitive Église furent adaptés aux mélodies populaires des divers pays où l'Évangile fut prêché aux païens, rien n'étant plus difficile que de changer chez le peuple ses habitudes de chant. L'Apôtre saint Paul, qui convertit une partie des peuples de l'Asie-Mineure et y fonda sept églises, se montra indulgent sur tout ce qui ne touchait pas à la foi... » La religion nouvelle n'étant pas, comme le paganisme, une religion nationale, mais s'annonçant comme la religion de toutes les nations, n'avait aucun motif pour favoriser le goût musical de tel ou tel peuple au détriment de tel ou tel autre. La préoccupation des fondateurs du christianisme était trop peu tournée vers l'art

pour qu'ils défendissent l'admission des *modes étrangers,* à la façon
des anciens philosophes. La musique chrétienne dut porter la trace du
caractère cosmopolite de la religion nouvelle ; comme celle-ci s'établit
sur les débris du monde païen, il n'est pas présumable qu'elle ait fait
aucun effort pour conserver dans sa pureté la tradition musicale
grecque. Loin de là, beaucoup d'éléments sémitiques (hébraïques ou
autres) durent être introduits dans la musique grecque à la faveur de
l'établissement du christianisme. Plus tard, la réforme musicale entreprise par Jean Damascène ne put avoir pour effet de débarrasser la musique grecque des éléments étrangers qui s'étaient alliés à elle. On
sait que Jean, élevé à la cour des khalifes de Syrie, mérita leur faveur
et remplit le poste éminent de gouverneur de Damas. Le caractère
de sa réforme dut forcément se ressentir du milieu où il avait vécu.

Dans quelle proportion exacte figurent l'élément grec et l'élément
étranger dans la constitution de la musique byzantine ? C'est là un
point difficile à trancher. La solution de cette question, fort intéres-
sante au point de vue archéologique, ne suffirait pas pour donner à la
Grèce la réforme musicale dont elle a besoin. Ce qu'il lui faudrait aujourd'hui, ce n'est pas la résurrection d'un art qui n'est plus, c'est la
possession d'une musique satisfaisant à la fois sa tradition originale et
ses instincts modernes. Ce n'est malheureusement pas ce qu'elle a.
Rien de misérable, rien de barbare, rien de répugnant pour une oreille
européenne, comme le chant qu'on entend dans les églises orientales.
Ces intervalles autres que le ton et le demi-ton, qui sont la plupart du
temps autant de notes fausses, ces voix chevrotantes, ce chant nasal,
ce monotone, cet insipide, cet impitoyable *ison* qui fait à une mélodie
expressive l'effet d'une broche passée au travers d'un corps humain :
tout cela cause à l'auditeur une impression aussi désagréable, dans
l'ordre des choses esthétiques, que l'est le mal de mer dans l'ordre
des choses physiologiques.

N'y a-t-il donc rien dans la musique ecclésiastique ? Assurément, si :
il y a beaucoup de phrases très-expressives et de mélodies heureuses.
Mais ces bonnes choses sont trahies, meurtries, défigurées par la plus

navrante exécution. Tout ce qu'on peut attendre de chantres ignorants, assistés d'enfants criards, est atteint et même dépassé.

Cela tient à plusieurs raisons.

Les principes traditionnels de chant sont vicieux. Très-souvent l'éducation musicale manque ; quand elle existe, le résultat est à peu près le même, car la théorie n'est pas fixée, et c'est la théorie la plus compliquée du monde. Qu'on suppose une nation ayant une législation très-complexe, sans code écrit, et où l'on ne jugerait les procès que d'après la coutume ; dans un tel pays, rendrait-on la justice ?

La musique ecclésiastique grecque comprend tous les modes *diatoniques* antiques, dont quelques-uns altérés par la présence de notes élevées ou abaissées d'un *quart de ton*. Elle a de plus deux *modes* de genre chromatique (l'un *chromatique*, l'autre *semi-chromatique*) et deux modes de genre soi-disant *enharmonique* (1). Il y a une telle confusion dans la nomenclature des genres et des modes que le *diatonique* s'appelle *enharmonique*, et l'*enharmonique*, *diatonique*. De plus, la constitution de cette musique est essentiellement *tétracordale* ou *pentacordale*. Il est rare qu'une mélodie conserve dans toute son étendue le caractère d'un seul *mode*. L'*ambitus* réel et caractéristique de chaque mode ne dépasse généralement pas une *quinte*. Une fois cette étroite limite franchie, la mélodie passe dans un autre *mode*. On comprend quel surcroît de difficultés dans l'exécution amènent forcément tant de *métaboles* ou modulations. Il faudrait, pour conserver, dans ce labyrinthe, le fil d'Ariane de la justesse, être un musicien consommé, joignant à une grande sagacité d'oreille une longue expérience et une excellente éducation musicale.

La musique ecclésiastique grecque est exclusivement mélodique et vocale. La proscription de tout instrument dans les temples ôte au malheureux chanteur cet auxiliaire souvent indispensable même à des musiciens instruits. La voix du chanteur n'a pour s'appuyer et se pré-

---

(1) Ces *modes* n'ont d'enharmonique que le nom : car ils ne diffèrent pas du majeur européen, qui, lui, est *diatonique*. Par une anomalie assez bizarre, c'est précisément dans les modes *diatoniques* que se rencontrent ces intervalles altérés d'un *quart de ton*, dont la présence pourrait justifier jusqu'à un certain point la dénomination d'*enharmoniques*.

server du déraillement que l'*ison*, c'est-à-dire une note tenue ordinairement par les voix d'enfants. Cette note, qui représente la *fondamentale harmonique* du mode, doit changer quand la mélodie passe d'un *mode* dans un autre. Mais il faudrait, pour déplacer l'*ison* à propos, reconnaître dans quel mode la mélodie passe; or, le défaut d'instruction des jeunes donneurs d'*ison* les rend inaptes à une tâche parfois délicate et difficile. Cela explique pourquoi l'on entend souvent un *ison* obstiné se prolonger dans des passages où la mélodie a changé de *mode*; cet *ison* ne représentant plus la *fondamentale harmonique* du nouveau *mode*, il en résulte des heurts et des froissements exécrables, et il est impossible que les oreilles chrétiennes qui ne sont pas dénuées de tout sentiment musical, ne sortent pas de l'office très-meurtries.

Chacun des huit modes ecclésiastiques a une échelle qui lui est propre; quelques-uns même en ont plusieurs différentes. En outre, dans la plupart des gammes, il y a des notes qui ne sont pas fixes, mais qui s'élèvent ou s'abaissent suivant les lois de l'attraction. A-t-il jamais existé un chantre assez bien doué, pour que son seul instinct musical ait pu triompher de toutes ces difficultés dans une musique dont la théorie est encore à faire? Nous n'avons jamais pu réussir à nous faire chanter avec précision la gamme de certains *modes*. Qu'on juge du résultat produit dans la pratique par cette insouciance et ce laisser-aller, lorsqu'il s'agit de difficultés bien autrement sérieuses que d'accomplir l'acte le plus simple de l'A B C musical!

Ce que nous savons de la beauté de certaines mélodies, nous ne l'avons pas appris par l'audition, mais par la lecture; souvent il nous est arrivé de ne pas reconnaître, à l'église, tant ils étaient défigurés par l'exécution, des chants que nous savions par cœur (1).

(1) Les exceptions, vu leur rareté, méritent d'être signalées. Dans une église de Smyrne, à Saint-Dimitri, sous la direction de Misaël Misaëlides, le chant s'exécute avec justesse. Les enfants chargés de l'*ison* adoucissent leur voix et soutiennent discrètement la mélodie, au lieu de la couvrir de leurs glapissements.

À l'église du Patriarcat, à Constantinople, où l'exécution des chantres nous a semblé aussi mauvaise que possible, nous avons éprouvé cependant une impression non dépourvue de charme, en entendant le φῶς ἱλαρόν chanté à l'unisson par douze prêtres. L'abus des trilles et des notes d'agrément, l'usage du chevrotement et du nasillement disparaissent un peu

En général le chant de l'Église grecque n'est pas mesuré. Les valeurs relatives des différents sons y sont beaucoup plus variées que dans le plain-chant de l'Église romaine, sans présenter toutefois une symétrie rhythmique analogue à celle que produit dans notre musique le retour régulier d'un temps *fort* (1).

Nous ajouterons que le chant de l'Église orientale a quelque chose dans son allure de moins lourd, de moins massif que le chant grégorien. Son caractère est plus musical et plus expressif dans le sens humain de ce mot. On y trouve moins de solennité que dans le plain-chant, mais plus d'élan mélodique, plus d'abandon, plus de chaleur intime et un sentiment plus vif, plus passionné et plus tendre. Dans les mélodies bien faites, ce à quoi ont semblé le plus s'appliquer les compositeurs, c'est à bien rendre les paroles et à mettre l'auditeur en plein contact avec le sentiment, qu'ils se sont efforcés de traduire de la manière la plus humaine et la plus accessible. Le chant romain, plus hiératique, pour ne pas dire plus stoïque, se prête mieux à l'expression des vertus mâles et austères que réclame de nous la morale chrétienne. Dans le chant byzantin, on sent moins la majesté d'un Dieu armé d'une justice inflexible, mais plus l'émotion de la créature et la contrition du pécheur. Ce chant excelle à rendre les sentiments doux, suppliants et timides. Il sait bien s'humilier. Il est plus féminin que le chant grégorien, auquel l'emploi exclusif du genre *diatonique* donne un caractère constamment viril.

La musique byzantine, bien que dépourvue d'un rhythme *régulier,* a des rhythmes *variés.* Malheureusement, l'effet que devrait engendrer cette variété rhythmique est singulièrement appauvri par l'exécution. Les musiciens orientaux ont la conception de l'unité de temps, qu'ils expriment par un double mouvement de *levé* et de *frappé;* mais ils

dans une exécution d'ensemble. De plus, l'attaque des intervalles altérés d'un *quart de ton,* qui est presque toujours fausse dans le chant *solo,* prend alors plus d'assurance et d'aplomb. Il s'établit une sorte de compensation entre les écarts des différentes voix, et l'oreille perçoit une moyenne qui la satisfait davantage.

1) Il faut excepter quelques chants, entre autres le Φῶς ἱλαρόν, qui sont régulièrement rhythmés.

n'associent point ces unités entre elles pour en former des mesures. Tous les temps ont la même valeur : il n'y a ni temps *fort,* ni temps *faible ;* s'il se produit dans un chant une certaine symétrie rhythmique (et cela arrive quelquefois), rien dans l'exécution ne tend à la mettre en relief. Il en résulte une lourdeur et une monotonie imputable plutôt au vice de l'exécution qu'à la musique même. Dans certaines mélodies, notamment celles du chant *heirmologique,* on rencontre des rhythmes qui, s'ils n'offrent pas la régularité parfaite des rhythmes européens, sont cependant très-saisissables et parfois saisissants pour l'oreille. Si l'on se proposait d'écrire ces mélodies en notation européenne, il serait possible, dans certains cas, de les *mesurer* en employant dans le courant du morceau des mesures d'espèce différente, à trois, à quatre, à cinq ou à six temps, suivant les diverses péripéties du rhythme.

On trouve dans les récitatifs des opéras de Rameau et de Lulli de pareils changements de mesure, dont la fréquence est parfaitement justifiée par les mouvements du sentiment et par la forme des vers. Les musiciens contemporains, préoccupés sans doute de la facilité d'exécution de leurs ouvrages, semblent avoir une vive répugnance pour ce procédé, car ils évitent de s'en servir, même quand il serait un auxiliaire utile à la correction prosodique. Il y a pourtant des effets à tirer de ces combinaisons de mesures différentes. On peut s'en convaincre, en analysant les chants populaires de l'Orient et de presque tous les pays de l'Europe. Bon nombre de ces chants ne sauraient être traduits avec sincérité, si on ne s'affranchit pas, en les notant, du joug d'une mesure unique et régulière. Et pourtant, les rhythmes de ces mélodies sont-ils assez heureux, assez frappants, assez hardiment dessinés? Leurs irrégularités n'ont-elles pas pour effet de les rendre plus saisissants que s'ils obéissaient à cette loi de régularité uniforme qu'impose la convention aux rhythmes des compositions modernes?

Nous avons parlé du chant *heirmologique.*

Peut-être ne serait-il pas inutile d'esquisser ici une classification des différentes catégories de chants dont se compose la liturgie grecque.

Il y a d'abord les chants *heirmologiques* (εἱρμολογικά) : ce sont les chants *concis;* ordinairement la mélodie en est syllabique, et ils se chantent dans un mouvement animé. On les subdivise; il en est de *vifs* et de *moins vifs.* Ces derniers sont appelés *chants des* καταβάσια. La plupart des chants *heirmologiques* ont, par la vivacité de leur allure, un caractère à part, dont on chercherait en vain l'équivalent dans notre chant grégorien, majestueux et plane. Quelques-uns de ces chants sont gais, presque sautillants; pour peu que les chantres, fatigués des longs offices du rite grec, en précipitent le mouvement, ils perdent toute noblesse et prennent une expression complétement déplacée à l'église. Ces chants gagneraient beaucoup à être dits plus largement, à être très-rhythmés et très-accentués, et surtout à ne pas être accompagnés par l'*ison* récité. Cette note unique, sur laquelle se débite un flot de paroles dans un mouvement rapide et sur un rhythme uniforme, rappelle le trottinement de ces montures, précieuses pour les longs trajets, qui ne vont ni le pas ni le trot, mais cette allure intermédiaire appelée l'amble.

Nous avons fait allusion à la longueur des cérémonies du rite grec. Cette longueur n'est rien auprès de ce qu'elle était jadis. Autrefois les offices duraient des journées entières. L'enthousiasme de la foi diminuant, on dut abréger des cérémonies qu'il eût été impossible aux fidèles de suivre sans négliger complétement leurs affaires. On s'avisa pour cela d'un moyen très-efficace, ce fut de rendre le chant plus concis. On le rendit ainsi meilleur. La profusion des ornements et le développement immodéré de la mélodie avait pour effet d'énerver le sens et d'affaiblir l'expression. On émonda cette végétation trop exubérante; il en résulta des chants d'une allure ferme et décidée qui forment certainement la meilleure partie de la liturgie grecque.

Les chants de la seconde espèce s'appellent *stichirariques* (στιχηραρικά). Ils sont, en général, moins vifs que les chants de la première catégorie et moins lents que ceux de la troisième. Ils ont un caractère *modéré* qui les rend propres à l'expression de la prière calme et ample, tandis que les premiers (εἱρμολογικά) se prêtent mieux aux élans de la foi ou aux transports de l'enthousiasme. Eux aussi se subdivisent en *vifs* et *lents,* ou *anciens* et *modernes.*

Les chants de la troisième catégorie composent ce qu'on appelle en grec le κρατηματάριον, qui se subdivise en παπαδικόν et καλοφωνικόν. Le παπαδικόν, ou chant des *papas*, est toujours très-lent. C'est dans cette dernière catégorie qu'il faut ranger les chants les plus anciens du genre χερουβικόν. Quant au καλοφωνικόν, il a le même caractère; seulement il embrasse une étendue plus grande. C'est à cette dernière catégorie qu'appartiennent les chants les plus modernes du genre χερουβικόν. Le κρατηματάριον est un chant à peu près dénué de paroles.

Nous devons ces renseignements à M. l'archimandrite Aphtonidis, dont l'inépuisable complaisance et le profond savoir nous ont été d'un secours inappréciable dans l'accomplissement d'une tâche presque rebutante par sa difficulté : celle de pénétrer le mystère qui enveloppe la musique ecclésiastique grecque. Grâce à M. Aphtonidis, qui joint à une compétence bien rare en matière de musique orientale une parfaite connaissance de la langue française et de la musique européenne, nous avons pu nous faire quelques idées claires sur chacun des huit *modes* actuellement existants dans la musique ecclésiastique. Sans les entretiens, malheureusement trop peu nombreux, que nous avons eus avec lui, il nous eût été impossible d'atteindre un pareil résultat, vu l'insuffisance des théories et la difficulté qu'apporte aux éclaircissements oraux une connaissance trop imparfaite de la langue du pays.

Dans la traduction en notation européenne des mélodies que nous donnons plus loin comme échantillons de la musique byzantine, nous avons adopté d'après lui les signes du *demi-dièse* et du *demi-bémol* dont il a été question ci-dessus. C'est par lui aussi que nous connaissons l'existence d'une loi d'*attraction* dans la musique byzantine. Cette loi, que nous n'avons vue consignée dans aucune théorie, y joue un rôle si important que, si vous l'ignorez, la musique religieuse grecque demeure pour vous une énigme indéchiffrable. Nous devons ajouter que la personne qui nous a mis en état de profiter des lumières de M. Aphtonidis, en nous familiarisant avec la notation orientale et en nous donnant les premières leçons théoriques, est M. Gérojannis, premier chantre de l'église Saint-Georges à Athènes. Nous aurions profité davantage de son savoir réel et de son infatigable patience, si nous avions mieux possédé la langue grecque.

Des mélodies que nous publions plus loin, les unes ont été traduites en notation européenne par M. Aphtonidis, ou écrites par nous sous sa dictée ; les autres, nous les avons traduites nous-même, d'après la notation orientale, en ayant toujours soin de soumettre le résultat de notre travail à M. Gérojannis. Quelques autres chants nous ont été donnés, notés à l'européenne, par M. Violakis, ou dictés par M. Tantalidis.

Ces exemples, mieux que toute description, donneront aux musiciens une idée précise du caractère expressif inhérent à chacun des modes de la musique grecque.

CHAPITRE II.

DES MODES DE LA MUSIQUE BYZANTINE.

Les musiciens byzantins reconnaissent huit modes : quatre modes *maîtres* (authentiques) et quatre *plagaux* (1).

PREMIER MODE.

Le *premier mode* a pour finale *ré* et pour dominante *sol*.
Son *ambitus* ordinaire est d'une *quinte*.

Comme on le voit, il monte quatre degrés au-dessus de sa finale et ne descend qu'un degré au-dessous. Tous les chants du *premier mode* ne se tiennent pas rigoureusement dans cette limite étroite; mais, quand ils dépassent le *sol*, ils perdent le caractère de mélodies du *premier mode* et passent dans le *premier plagal*.

Dans le chant *heirmologique*, la gamme du *premier mode* est *diatonique*, c'est-à-dire ne comprend que des intervalles de *ton* et de *demi-ton*. Dans le chant *stichirarique*, il n'en est pas ainsi. Le second degré *mi* n'est pas fixe, il obéit à la loi d'attraction.

Quand la mélodie descend vers le *ré*, le *mi* s'abaisse d'un *quart de*

(1) La théorie des modes, telle que nous l'exposons, n'est pas conforme aux nombreuses théories publiées de nos jours en Grèce. Cette théorie, beaucoup plus d'accord avec la pratique, émane des explications qui nous ont été données par M. Aphtonidis. Nous la reproduisons le plus fidèlement possible, nous réservant toutefois de la discuter dans les observations qui accompagnent les exemples.

ton; l'intervalle de *ré* à *mi* sera dans ce cas d'un *ton moins un quart* ou de trois *quarts de ton*, et l'intervalle de *mi* à *fa* d'un *demi-ton plus un quart*, c'est-à-dire de trois *quarts de ton*.

Il y aura la même distance entre *mi* et *fa* qu'entre *ré* et *mi*.

Si la mélodie, au lieu de suivre un mouvement descendant, monte vers le *fa*, les intervalles redeviennent *diatoniques*, de par la même loi d'attraction.

Mélodies du premier mode.

1

PRÉLUDE (1).

(1) Nous avons écrit ce prélude sous la dictée de M. Aphtonidis.

(2) Nous reproduisons l'ex. 2 tel qu'il nous a été donné, transcrit en notation européenne, par M. Violakis, premier chantre de l'église Saint-Jean, à Galata. Le *demi-bémol* placé à la clef indique que la note *mi* doit être abaissée d'un *quart de ton*; mais, comme l'altération provient ici de la loi d'attraction et n'a d'un intervalle fixe, le *demi-bémol* ne doit se faire que quand la mélodie descend.

3 [1]

TRADUCTION DU GREC.

2

Seigneur, j'ai crié vers toi, écoute-moi, écoute-moi, Seigneur!
Seigneur, j'ai crié vers toi, écoute-moi; sois attentif à la voix de ma prière.
Pendant que je crie vers toi, écoute-moi, Seigneur.

(1) Le n° 3 fait partie d'une collection de chants liturgiques qui nous ont été donnés, transcrits en notation européenne, par M. Violakis. Les paroles de ce chant et du précédent, qui tous deux s'exécutent pendant l'office du soir, sont tirées du 140ᵐᵉ psaume de David.

3

Que ma prière se dirige vers toi comme un encens.
Que l'élévation de mes mains soit un sacrifice du soir. Écoute-moi, Seigneur.

Observations sur les exemples du premier mode.

Le N° 1 (Prélude) se tient dans les limites strictes de *l'ambitus* du *premier mode.*

Le N° 2 dépasse deux fois la limite de cet *ambitus,* pour entrer dans celui du *premier mode plagal.*

La première fois, la mélodie s'élève jusqu'au *si bémol* et la seconde fois, jusqu'à l'*ut,* c'est-à-dire une septième au-dessus de sa finale. Dans ce dernier passage, il y a une modulation évidente, dans le sens moderne du mot. La mélodie sort complétement du *premier mode;* un instant après, elle y revient et rentre dans les limites de l'*ambitus,* avant d'opérer sa conclusion.

Le N° 3 a beaucoup de rapports avec le N° 2. On y retrouve la même modulation que dans l'exemple précédent; mais ici, la phrase modulante se développe moins, et la mélodie rentre plus tôt dans l'*ambitus* du mode.

Dans les phrases où la mélodie des deux derniers exemples ne sort pas de l'*ambitus* du *premier mode,* la dominante semble être *fa* et non pas *sol.* La prépondérance de la note *fa* prépare l'apparition du tétracorde *conjoint* caractérisé par le *si bémol.* Remarquez que, dans ces deux exemples, le *si* de l'octave supérieure est *bémol* et celui de l'octave inférieure *naturel,* conformément à la constitution du système usité chez les anciens, sous le nom de *petit système parfait* ou *système conjoint :*

PREMIER MODE PLAGAL.

Voici l'*ambitus* ordinaire des mélodies du *premier plagal* :

Cet *ambitus* dépasse d'un ton à l'aigu celui du *premier mode*. Il embrasse une *sixte majeure* et va de l'*ut* au *la*. Cette dernière note, qui n'existe pas dans l'*ambitus* strict du *premier mode*, prend dans le *premier plagal* une grande importance, car, dans un certain nombre de mélodies de ce mode, elle joue le rôle de *dominante*. La constitution du *premier mode* est basée sur le *tétracorde* (1); celle de son *plagal*, sur le *pentacorde*.

Dans le *premier mode*, nous avions pour dominante *sol* et pour finale *ré*. Dans le *premier plagal*, nous avons la même finale *ré*, mais nous trouvons deux dominantes : *fa* et *la*.

Les mélodies du *premier plagal* peuvent avoir une étendue qui dépasse à l'aigu la quinte *ré-la*, sans abandonner leur constitution pentacordale. Il suffit pour cela d'une opération fort simple, qui consiste à faire de la note *la* (dernière note du premier pentacorde : *ré, mi, fa sol, la*) la base d'un nouveau pentacorde identique au premier.

Dans ce cas, l'on chantera *la, si, do, ré, mi*, comme *ré, mi, fa, sol, la*. Le *si* sera *naturel* et ne redeviendra *bémol* que si l'on repasse dans le pentacorde inférieur (2). — Il faut remarquer toutefois que le *si*, dans le second pentacorde, peut céder à la loi d'attraction et s'abaisser d'un *quart de ton* en descendant, chose qui n'arrive jamais à la note *mi* dans le premier pentacorde du présent mode.

Il arrive fréquemment que les mélodies du *premier plagal* franchissent au grave la limite de l'*ambitus* de ce mode et descendent plus bas que l'*ut naturel*; ainsi dans une variante de l'exemple ci-joint ('Hzzïz,

(1) *Tétracorde* signifie ici intervalle composé de quatre sons, ou *quarte*; *pentacorde*, intervalle composé de cinq sons, ou *quinte*. Nous n'avons pas pris le mot *tétracorde* dans son acception rigoureuse; on sait que les anciens ne donnaient cette dénomination qu'à la *quarte de première espèce* (ayant le *demi-ton* à la base).

(2) On verra plus loin qu'un certain nombre de mélodies du premier plagal (celles qui ont pour tonique *ré*) comprennent le *si bémol* dans leur échelle.

2

χόρευε), la mélodie descend une *quinte* plus bas que sa finale. Dans ce cas, le *si* est *naturel*.

Le plus souvent, dans les chants *heirmologiques*, la mélodie ne dépasse pas au grave le *si naturel* ni le *la* à l'aigu. Dans les chants *stichirariques*, la mélodie peut monter jusqu'à l'octave au-dessus de sa finale, et s'étendre de *ré* à *ré*. Elle procède alors du système de l'octave, par son étendue naturelle, mais dépend toujours de la loi d'*attraction*. En vertu de cette loi, on devra faire le *si naturel* en montant et le *si bémol*, en descendant.

L'intervalle caractéristique de *trois quarts de ton* qui existe entre *ré* et *mi* dans le *premier mode*, se reproduit entre le *la* et le *si* dans toutes les mélodies du *premier plagal* ayant pour base et finale *la*. Ces mélodies, en effet, sont en réalité des mélodies du *premier mode* transposées à la *quinte supérieure*.

Mélodies du premier mode plagal.

1 [1]

<hr>

(1) Le nº 1 a été transcrit par nous d'après la notation orientale, et revu par MM. Gérojannis et Violakis. Ce chant accompagne une danse religieuse qui n'est pas le trait le moins caractéristique du rit grec. Vers la fin de la cérémonie du mariage, le prêtre place une couronne sur la tête de chacun des époux. Le *parrain*, en croisant les mains, échange trois fois les couronnes; puis il pose sur la tête des mariés et des garçons et filles d'honneur une étoffe qu'il donne en cadeau. Le prêtre s'en couvre aussi, et, donnant la main à la personne la plus rapprochée de lui, il conduit une danse circulaire qui s'exécute en chantant cette hymne. Toutes les personnes citées plus haut y prennent part en se donnant la main, les deux mariés en se tenant par le petit doigt de la main droite; et l'on fait, en dansant, trois fois le tour de l'autel dressé au milieu de l'église exprès pour la cérémonie, pendant que le peuple jette des dragées sur la tête des danseurs, auxquels le cadeau du parrain sert de rempart.

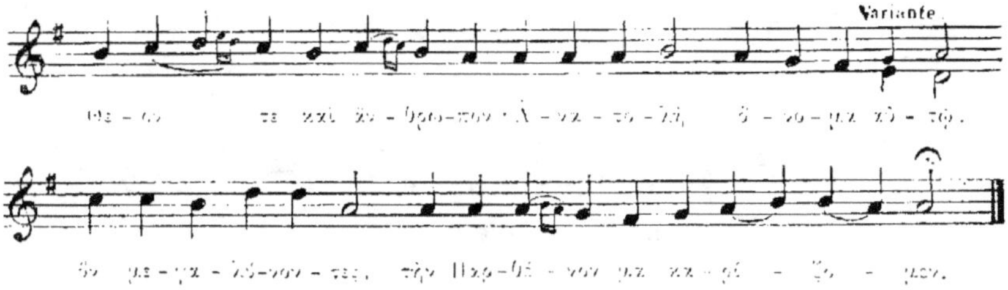

Variante.

Le même non transposé.

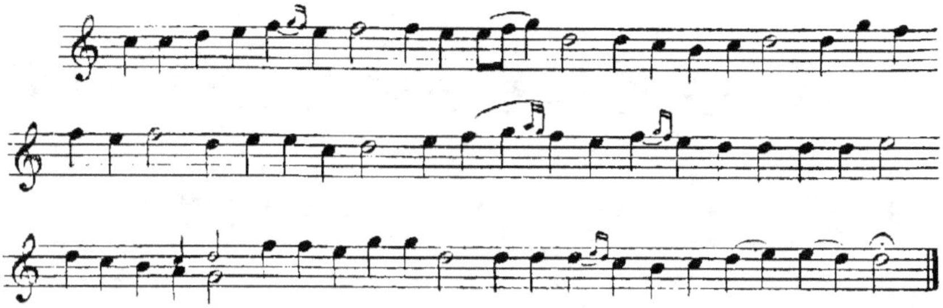

2 [1]

Moderato.   Espressivo.

B

Les mêmes. Transposition à la quinte inférieure

Le même non transposé.

(1) Nous avons écrit les ex. 3, 4 et 5 sous la dictée de MM. Tantalidis et Aphtonidis à Khalki. Les paroles du n° 3, qui fait partie de l'office des morts, sont tirées du 118e psaume de David. Les deux chants du n° 4 s'exécutent le jour du Vendredi-Saint. Le n° 5 se chante le jour de Pâques et pendant les quarante jours qui suivent.

TRADUCTION DU GREC.

1

Danse, Joan ! La Vierge a porté dans son sein et enfanté un fils, Emmanuel, Dieu et homme; Orient est son nom, en l'exaltant nous glorifions la Vierge.

2

Seigneur, j'ai crié vers toi, etc.

3

Tes mains m'ont fait et m'ont formé; éclaire-moi et j'apprendrai tes commandements. Aie pitié de moi, Seigneur. Car je suis devenu comme une outre sur le givre (du matin). Je n'ai pas oublié tes volontés, aie pitié de moi, Seigneur.

4

Toi, qui es la vie, tu as été déposé dans le tombeau, ô Christ ! et les armées des anges étaient étonnées, en glorifiant ta condescendance pour les hommes.

Il est juste que tu glorifies celui qui donne la vie, qui a étendu ses bras sur la croix et qui a brisé la force de l'ennemi.

5

Christ est ressuscité d'entre les morts. Par sa mort il a écrasé la mort, et il a donné la vie à ceux qui étaient dans les tombeaux.

Observations sur les exemples du premier mode plagal.

Il y a, suivant nous, une confusion à signaler dans le classement des mélodies du *premier mode plagal.*

Si l'on examine attentivement l'exemple 1 et l'exemple **2**, on verra que ces deux mélodies n'appartiennent pas à la même gamme; donc elles ne devraient pas être rangées dans le même *mode.*

La première (Hazîz, χαζίζ) se trouve transposée dans les livres de chant à la *quarte inférieure* (1). Si on la ramène dans le ton *naturel*, on reconnaît qu'elle est construite sur une gamme de *ré* avec *si naturel*.

Dans cette gamme, qui correspond au mode *phrygien* antique, la finale *ré* n'est pas *tonique* mais *dominante*. La *tonique*, ou mieux la *fondamentale harmonique*, est *sol*. Cette fondamentale était commune aux deux gammes *phrygienne* et *hypophrygienne*; seulement la première finissait sur le cinquième degré *ré*, tandis que la seconde avait pour finale *sol*.

Gamme phrygienne

Gamme hypophrygienne.

Dans l'exemple 1 le véritable *ison* n'est pas la *finale*, mais la *fondamentale harmonique* située une quinte au-dessous (c'est-à-dire *sol* dans le ton *naturel* et *ré* dans le ton *transposé*). Il en sera de même pour toutes les mélodies appartenant à la même gamme.

Dans l'exemple 2, au contraire, la finale *ré* est véritablement une *tonique*. Cette mélodie est un des plus beaux spécimens du chant byzantin qu'on puisse rencontrer. Elle est à la fois suppliante et digne, expressive et ample. — La juxtaposition des deux pentacordes (l'un ayant pour base *ré*, et l'autre, *la*) donne au chant à la fois une grande variété et une grande profondeur d'expression. Remarquons l'imprévu avec lequel se pose la première modulation en *la*, par l'attaque hardie de l'intervalle de septième (*ré-ut*) et le charme du retour opéré par la mélodie dans le ton primitif. Une seconde fois, le chant passe dans le second pentacorde (avec *la* pour base). Mais, au lieu de revenir, pour conclure, sur la base *ré* du premier pentacorde, il se termine par une cadence tout à fait inattendue sur le quatrième degré *sol*. Malgré le caractère suspensif de cette terminaison, qui rappelle l'expression des cadences phrygiennes, c'est bien la gamme de *ré mineur* sans *note sensible* qui domine dans ce morceau.

La présence du *si bémol* et le caractère de *dominante* que présente la

1 On ne voit pas se produire ici l'intervalle de *trois quarts de ton* entre le *la* et le *si*, parce que cette mélodie appartient au chant *heirmologique*.

note *la*, démontrent la différence essentielle qui sépare l'Ex. 2 de l'Ex. 1. Dans l'Ex. 1 (non transposé), *ré* était *dominante*, et la *fondamentale* était *sol*; nous avions une gamme de *sol majeur* (avec *fa naturel*) finissant sur le cinquième degré *ré*. Dans l'Ex. 2, *ré* est bien la *tonique*. Quant au *la*, il remplit à la fois le rôle de *dominante* dans le premier pentacorde et de *tonique* dans le second, quand la mélodie module à la quinte supérieure. Nous avons affaire ici à une gamme *hypodorienne*, transposée à la quinte inférieure quand la mélodie a pour tonique *ré*, non transposée quand la tonique est *la*.

Le présent exemple vient confirmer ce que nous avons dit plus haut. Le *si*, deuxième degré du second pentacorde, cède ici à la loi d'attraction qui n'agit pas sur le second degré du pentacorde inférieur (*mi*).

Remarquons que l'épithète de *plagal* a, dans la musique byzantine, une application tout à fait contraire à celle qu'on en fait dans le chant grégorien. Dans le Plain-Chant occidental, la mélodie Nº 2, ayant pour étendue juste une octave de *ré* à *ré*, et ne descendant pas même un degré au-dessous de sa finale, serait classée dans le *premier mode* (authentique). Au contraire les mélodies Nº 2 et Nº 3 du *premier mode* byzantin seraient considérées dans le chant grégorien comme des mélodies *plagales*, puisqu'elles descendent deux notes au-dessous de leur finale.

L'exemple 3 (*Chant pour les morts*) nous présente la même gamme que l'Ex. 1. C'est évidemment là une harmonie *phrygienne* transposée, non plus à la quarte inférieure, comme dans l'Ex. 1, mais à la *quinte* inférieure. Si on la ramène dans le ton *naturel*, la fondamentale harmonique sera *sol*. Si on la chante dans le ton transposé, la fondamentale et par conséquent l'*ison* devra être *ut*. Le caractère suspensif de la cadence ne saurait laisser de doute sur la nature de la gamme à laquelle appartient cette mélodie. La note *finale* est évidemment une *dominante*.

La même observation s'applique aux exemples 4 et 5. Ce sont là des gammes de *ré* (avec *si naturel*) transposées, et des harmonies *phrygiennes* ayant pour fondamentale *sol* dans le ton naturel, et *ut* dans le ton transposé.

SECOND MODE.

De tous les modes de leur musique liturgique, le *second* est considéré par les Grecs comme le plus noble. Toutes les prières adressées directement à Dieu sont dans ce *mode*; c'est aussi au *second mode* qu'appartiennent les mélodies réputées les plus anciennes.

Voici quel est son *ambitus* et quels sont les intervalles dont se compose son échelle (1) :

Lorsqu'on dépasse le *si*, on sort du *second mode* pour entrer dans le *second plagal*. Dans ce cas, on fait de l'*ut* un *sol*, et l'on descend d'*ut* à *sol* comme si l'on descendait de *sol* à *ré* dans le *second mode plagal*.

Ainsi l'on chante 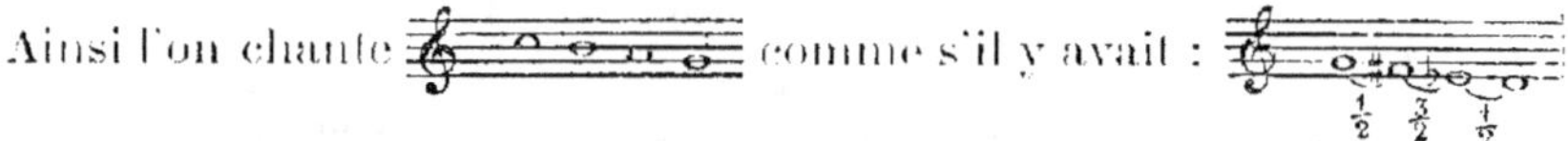 comme s'il y avait :

Ce qu'il y a de caractéristique dans le *second mode*, ce qui fait naître chez l'auditeur européen une impression intolérable si le chanteur chante faux, et bizarre s'il chante juste, c'est la présence d'un *la* fixe, trop bas d'un *quart de ton*, qui produit entre *sol* et *la* un ton trop petit, et entre *la* et *si* un ton trop grand.

En outre, le *ré* qui, sans faire partie de l'*ambitus* du *second mode*, figure pourtant quelquefois dans les mélodies de ce mode, est trop haut d'un *quart de ton*. Il en résulte qu'entre *ré* et *mi* il y a un intervalle de *trois quarts* de ton, et entre *ré* et *ut* un intervalle de *cinq quarts*. Le *ré* n'est ni *naturel* ni *dièse*, il est *demi-dièse*. — Cet intervalle aussi est *fixe*.

<hr>

(1. Nous avons fait remarquer, au chap. des Généralités, l'analogie de cette échelle avec celle de la variété de chant appelée *diatonique mou* chez les anciens.

Enfin il est une troisième note, le *fa*, qui obéit à la loi d'attraction, et qui varie selon que la mélodie monte ou descend. Si le chant va sur *sol* par un mouvement ascendant, il y a entre *mi* et *fa* un intervalle de *trois quarts* de ton (et par conséquent entre *fa* et *sol* un intervalle égal). Si la mélodie descend sur *mi*, de *fa* à *mi* il y a un *demi-ton*.

Des exemples que nous citons, le premier (φῶς ἱλαρόν) doit remonter à une haute antiquité. Saint Bazile dit que, de son temps (c'est-à-dire au *quatrième siècle*), la musique de cette hymne passait déjà pour fort ancienne. Les paroles en furent composées, au *deuxième siècle*, par Athénogènes, martyr (1).

Le second exemple est une mélodie d'une véritable sublimité d'expression. Sa beauté doit frapper tout le monde, malgré le défaut d'aptitude des oreilles européennes à goûter des intervalles autres que le *ton* et le *demi-ton*.

Mélodies du second mode.

I ²

2[1]

TRADUCTION DU GREC.

1

La lumière joyeuse de la sainte gloire du Père immortel, céleste, saint, bienheureux, ô Jésus-Christ, venus au coucher du soleil, nous avons vu cette lumière du soir et nous chantons le Père, le Fils et le Saint-Esprit, un seul Dieu. Il est juste que nous te célébrions dans tous les temps, par des chants propices, ô Fils de Dieu qui donnes la vie. C'est pourquoi le monde te glorifie.

2

Seigneur, j'ai crié vers toi, etc.

SECOND MODE PLAGAL.

Voici l'*ambitus* du *second mode plagal* :

Sur la note *la*, on peut recommencer un second *pentacorde* semblable au premier :

En réunissant ces deux pentacordes, on obtient une étendue d'une octave, plus une note :

A l'aigu et au grave pourrait se placer un autre pentacorde, ce qui produirait cette succession bizarre, fondée sur le système de la *quinte,* et difficile à accepter pour les Européens dont la musique est fondée uniquement sur le système de l'*octave.*

Presque tous les airs turcs sont construits avec cette gamme « qui, je ne sais comment, dit Chrysanthe de Madytos dans son *Traité de chant ecclésiastique,* s'est introduite dans la musique d'église ». Le fait est qu'on l'y trouve, et en grande quantité.

Rien d'étonnant, du reste, à ce que les compositeurs orientaux (qui n'ont jamais cessé d'écrire des mélodies nouvelles pour l'Église) aient emprunté, pour exprimer leurs idées musicales, une gamme si usitée dans le milieu où ils vivaient. On voit toujours s'approvisionner aux mêmes sources le chant profane et le chant religieux. C'est avec la même langue musicale que l'homme exprime ses sentiments, de quelque ordre qu'ils soient.

La gamme turque (ou gamme du *second mode plagal*) a ses deux tétracordes semblables au tétracorde supérieur de notre gamme *mineure* ascendante. Sa construction est plus logique, car ces deux tétra cordes sont identiques, ce qui n'a pas lieu dans le mineur européen (1).

Dans la musique byzantine, il n'arrive pas toujours que la cinquième note du premier pentacorde serve de base à un nouveau pentacorde semblable au premier. Souvent ici, lorsqu'on dépasse le *sol,* on change

____

(1) Voir l'introduction de notre recueil de *Mélodies populaires de Grèce et d'Orient.* (H. Lemoine, éditeur, Paris.)

de *mode*. Dans ce cas, on trouve généralement un signe indiquant quel intervalle on doit faire de *sol* à *la* et de *la* à *si*.

Si la mélodie descend jusqu'au *si* inférieur, on trouve aussi, à partir du *ré*, un signe qui détermine la nature des intervalles. Presque toujours alors on entre dans le *second mode*, et l'on chante *ré, do, si*, comme on chanterait *sol, fa, mi*, dans ce mode. Naturellement l'*ut*, jouant ici le même rôle que le *fa* dans la gamme du *second mode*, est soumis à la loi d'attraction.

Il est à remarquer que les chants *heirmologiques* du *second mode plagal* se chantent tous dans le *second mode*, et *vice versa*, tous les chants *heirmologiques* du *second mode* se chantent dans le *second mode plagal*. Nous ne connaissons aucune raison qui vienne justifier cette bizarre irrégularité.

Mélodies du second mode plagal.

1

2

(1) Les exemples nos 1 et 2 ont été écrits, à Khalki, sous la dictée de M. Tantalidis. L'exemple no 3 nous a été donné, noté à l'européenne, par M. Aphtonidis.

TRADUCTION DU GREC.

1

Dieu est avec nous, sachez-le, nations, et soyez vaincues puisque Dieu est avec nous. Apprenez jusqu'aux extrémités de la terre, que Dieu est avec nous.

2

Seigneur des puissances, sois avec nous, car nous n'avons pas d'autre aide que toi dans nos afflictions. Seigneur des puissances, aie pitié de nous.

3

Seigneur, j'ai crié vers toi, etc.

Observations sur les exemples du second mode plagal.

L'exemple 1 dépasse le premier *pentacorde* (*ré, mi, fa, sol, la*) de deux notes à l'aigu, *si* et *do*. Son étendue embrasse une *septième* composée de deux *tétracordes* juxtaposés :

Le second tétracorde n'est point ici le tétracorde régulier du *second mode plagal*, caractérisé par l'intervalle de trois *demi-tons* que nous rencontrons dans le tétracorde inférieur (*mi bémol — fa dièse*); c'est bien plutôt le tétracorde du *premier mode* transposé à la quarte supérieure. L'on chante en effet *sol, la, si bémol, do*, comme s'il y avait *ré, mi, fa, sol :* tétracorde du premier mode.

L'exemple 2 débute par une irrégularité. Le *si naturel* n'appartient pas au *second mode plagal ;* c'est le second degré du tétracorde du *premier mode* (*ré, mi, fa, sol*, transposé à la quinte supérieure (*la, si, do, ré*). Immédiatement après, le *si* redevient *bémol*, et la mélodie rentre dans le tétracorde de son mode.

Sur le mot Κύριε, le chant sort encore du *second mode plagal* pour entrer dans le *second mode* (caractérisé par l'intervalle de cinq *quarts de ton* entre *la* et *si*) qu'il effleure, pour ainsi dire, avant de conclure. La conclusion se fait régulièrement dans le *second mode plagal*.

Dans l'exemple 3, la mélodie est régulière, sauf une modulation inattendue sur la reprise du mot Κύριε. L'intervalle de cinq *quarts de ton* entre *sol* et *la* est caractéristique du *quatrième mode plagal*. A partir de la note *sol*, la mélodie semble entrer dans ce mode, et l'on chante

sol, la, si, do, comme on chanterait  dans le *quatrième*

plagal.

La présence du *la naturel* et du *si bémol* met fin à cette modulation. La mélodie rentre dans le *second plagal* et sa terminaison s'opère réguliè-ment dans ce mode.

TROISIÈME MODE.

La gamme du *troisième mode*, appelé improprement *enharmonique* par les auteurs byzantins, n'est autre chose que la gamme européenne de *fa majeur*.

C'est l'ancien mode *diatonique hypolydien*, ou le *cinquième mode* gré-gorien avec le quatrième degré altéré par un *bémol*.

Voici l'*ambitus* du *troisième mode* :

La *finale* de ce mode est toujours *fa*. Mais, dans le courant de la mé-lodie, il arrive souvent que des membres de phrase se terminent sur le *ré* d'en bas. Ces cadences *intérieures* font prendre alors incidemment à ce mode le caractère du *mineur* européen sans *note sensible*.

Dans les trois exemples cités plus loin, on ne remarque qu'une seule irrégularité : c'est la modulation placée à la fin du troisième exemple sur les mots ἐν τῷ κατηγορεῖν. Le *la* devient ici base d'un tétracorde du *premier mode*, et le *si* obéit à la loi d'attraction en s'abaissant d'un *quart de ton*, quand il descend sur le *la*.

Mélodies du troisième mode.

1

2

3 [(1)]

1. Les exemples n° 1 et n° 3 nous ont été donnés, notés à l'européenne, par M. Aphtonidis. Nous avons écrit l'ex. n° 2 sous sa dictée.

TRADUCTION DU GREC.

1

Alleluia, alleluia, alleluia.

2

Toutes les générations chantent une hymne à ton ensevelissement, ô mon Christ!

3

Seigneur, j'ai crié vers toi, etc.

TROISIÈME MODE PLAGAL.

La dénomination de *troisième plagal* ou *mode grave* a été donnée par les Byzantins à deux *modes* qui n'ont aucun rapport l'un avec l'autre.

L'un de ces deux modes, qui est bien le *plagal* du troisième, ne diffère de son *authentique* qu'en deux points : — il comprend, au grave de sa finale, une note de plus dans son *ambitus* :

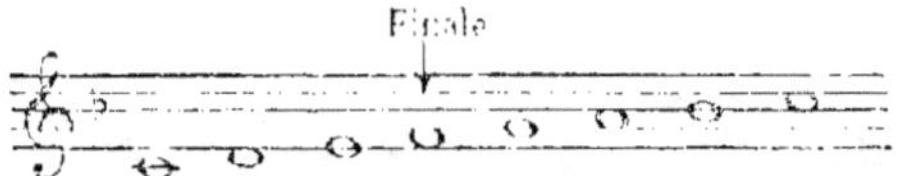

— il ne fait généralement pas de cadences intérieures sur *ré*.

L'autre, qui correspond au *mixolydien* antique, a pour base *si naturel*. C'est le seul des deux qui mérite le nom de *mode grave*. On sait que la plus grave des *harmonies* ou *gammes diatoniques* antiques était la *mixolydienne*.

Ce *mode*, réduit à son *ambitus* le plus strict, n'embrasse qu'une *quinte* :

Il est peu usité dans le chant *heirmologique*. Dans le chant *stichirarique*, il est d'un emploi plus fréquent.

Il peut arriver que son étendue sorte de la limite du *pentacorde* à l'aigu et au grave, et dépasse l'octave de deux ou trois notes. Dans ce cas, il est à remarquer qu'il ne perd pas le caractère qui lui est propre ; il ne module pas et conserve toujours les mêmes intervalles.

Le *sol* de l'octave supérieure obéit à la loi *d'attraction*, et s'abaisse d'un *quart de ton* en descendant sur le *fa*.

Dans un certain nombre de chants il arrive que le *mode grave* fait ses cadences intérieures sur le *ré*. Dans ce cas, il participe à la fois du *premier mode* et du *troisième plagal* et prend le nom de πρωτόβαρυς (*premier-grave*).

Mélodies du troisième mode plagal (avec fa pour base).

1 [1]

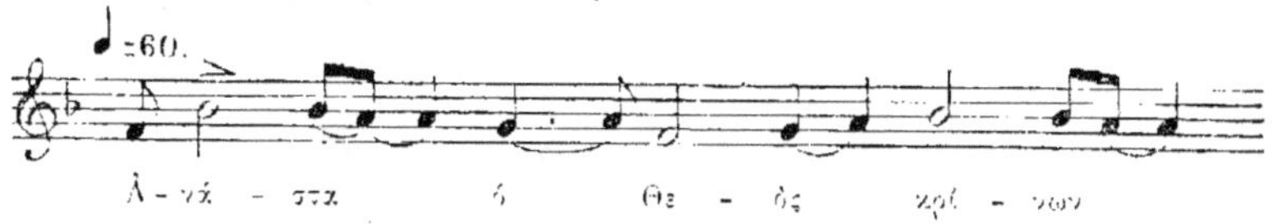

2

Προκείμενον τοῦ Μεγάλου Σαββάτου.

(1) Les ex. 1, 2 et 3 nous ont été donnés, transcrits à l'européenne, par M. Aphtonidis.

3

Προκείμενον τῆς Μεγάλης Κυριακῆς.

TRADUCTION DU GREC.

4

Seigneur, j'ai crié vers toi, etc.

2

HYMNE DU GRAND SAMEDI.

Lève-toi, Dieu, pour juger la terre, car tu n'auras pas ta part d'héritage dans toutes les nations.

3

HYMNE DU GRAND DIMANCHE.

Quel Dieu est grand comme le nôtre? Tu es le seul Dieu qui fasse des choses merveilleuses.

Mélodies du troisième mode plagal (avec si pour base).

1 [1]

Premier-grave (Variété du troisième plagal).

2

(1) Les ex. 1, 2 et 3 ont été écrits par nous à Khalki, sous la dictée de M. Tantalidis. — La première de ces deux hymnes doit se chanter au lever du soleil.

TRADUCTION DU GREC.

1

Gloire à toi qui as montré la lumière! Gloire à Dieu au plus haut des cieux, paix sur la terre et bonne volonté aux hommes!

2

Mêmes paroles.

3

Tu es béni, Seigneur, enseigne-moi les volontés.

*Observations sur le troisième plagal, avec si pour base
(mode grave).*

Tout d'abord, nous ne saurions admettre avec les Byzantins que le *mode grave*, ayant *si* pour base, puisse avoir pour *ison* la même note *si*. Nous invoquerons ici l'autorité de M. Gevaert qui, dans sa Théorie de la musique de l'antiquité, considère le mode *mixolydien* (qui n'est autre que le *mode grave*) comme une des trois variétés du groupe *phrygien*, dont voici les gammes :

Gamme phrygienne. Gamme hypophrygienne.

Gamme mixolydienne.

La première finit sur le cinquième degré *ré*, la seconde sur la fondamentale *sol*, la troisième sur la médiante *si*.

Ces trois gammes ont une fondamentale commune qui est *sol*. C'est cette note qui doit servir d'*ison* au *mode grave*.

Comment serait-il possible d'accepter la note *si* pour remplir ce rôle, quand la mélodie débute par un *si bémol*, comme dans l'exemple 2? La fonction du *si bémol* est là de faire disparaître l'intervalle de *triton* qui naîtrait sans lui, au début de la mélodie; il n'a rien de choquant, si la fondamentale harmonique est *sol*; il est intolérable, si l'on fait entendre en même temps un *si naturel*.

Cette considération nous fait mieux comprendre l'alliance du *premier mode* et du *mode grave* dans le *premier-grave*. Les cadences *intérieures* sur le *ré* deviennent toutes naturelles, si l'on range le *mode grave* dans le groupe des harmonies *phrygiennes*. Rien de plus logique qu'une mélodie qui, ayant pour fondamentale harmonique *sol* et pour finale la médiante *si*, fait des cadences intérieures sur la dominante *ré*.

QUATRIÈME MODE.

Les mélodies du *quatrième mode* ont des finales différentes, suivant les différentes espèces de chant.

Dans les chants très-lents, appelés *papadiques*, la finale est *sol*. Cette variété du *quatrième mode*, désignée sous le nom d'ἄγια, constitue un mode véritable. C'est l'*hypophrygien* antique (gamme de *sol* avec *fa naturel*) sauf les altérations suivantes : le *la* est élevé d'un *quart de ton*, et le *si* abaissé d'un *quart de ton*. De plus, le *fa* et le *ré* d'en bas sont soumis aux altérations accidentelles résultant de la loi d'attraction.

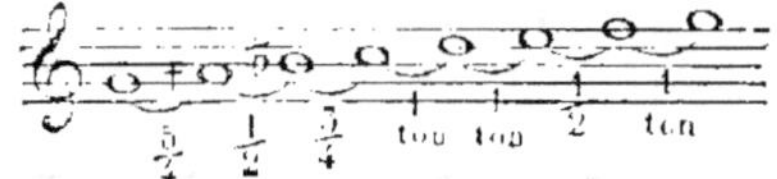

Dans les chants modérés appelés στιχηραρικά, la finale est *ré;* nous retrouvons ici la gamme *phrygienne* que nous avons rencontrée déjà dans plusieurs mélodies du *premier mode plagal,* transposées soit à la quarte, soit à la quinte inférieures :

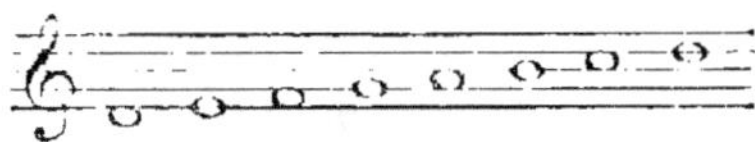

Enfin, dans les chants *heirmologiques* (chants vifs) et dans quelques chants *stichirariques,* la finale est *mi.* Cette troisième variété, appelée λέγετος, constitue elle aussi un mode spécial qui joue un rôle fort important dans la musique de l'Église grecque. Beaucoup des mélodies les plus expressives de sa liturgie appartiennent à ce *mode,* dans lequel on retrouve un très-proche parent du *dorien* antique et du *troisième mode* de notre chant grégorien.

Voici son *ambitus :*

Si l'on examine le pentacorde dans la limite duquel le λέγετος conserve toujours son caractère, il semble être exactement semblable au *dorien.* Voici en quoi il en diffère.

Deux notes de ce pentacorde obéissent à la loi d'attraction : le *fa* se hausse d'un *quart de ton* quand la mélodie monte, et le *la* se baisse d'un *quart de ton,* quand la mélodie descend ; ce que nous exprimerons, en affectant le *fa* d'un demi-dièse, et le *la* d'un demi-bémol.

En outre, le *ré* inférieur qui, dans le *dorien*, est séparé du *mi* par un intervalle d'un *ton*, se trouve, dans le λέγετος, toujours surélevé d'un *quart de ton*, soit qu'on monte, soit qu'on descende, et distant du *mi* de trois *quarts de ton* seulement.

Si l'on compare le λέγετος avec le *second mode*, on voit que leur *ambitus* est le même. Dans les deux modes, le *ré* inférieur est *demi-dièse*, et le *fa* est soumis à l'attraction en montant. Mais, dans le *second mode*, le *la* est fixe; il se trouve toujours à une distance de trois *quarts de ton* du *sol*, soit que la mélodie monte, soit qu'elle descende; — dans le λέγετος, il est variable et obéit à la loi d'attraction. Enfin (et c'est là une différence capitale) leur *finale* est différente. Dans le *second mode*, la finale est *sol;* dans le λέγετος, la finale est *mi*.

Dans les exemples du λέγετος, qu'on trouvera ci-joints, la note qui joue le rôle le plus important après le *mi*, n'est ni le *la*, ni le *si*, mais le *sol*.

Les mélodies du *quatrième mode* avec finale *sol*, que nous citons, donnent lieu à une remarque. Elles indiquent que la division de la gamme doit se faire non pas en *quinte* et *quarte :*

mais en *quarte* et *quinte :*

L'octave *hypophrygienne* peut donc, comme la *dorienne* et comme l'*hypodorienne* (1), recevoir une double division.

(1) On sait que, dans l'antiquité, il y avait un mode appelé *locrien* qui avait la même octave que l'*hypodorien;* seulement cette octave se divisait ainsi :

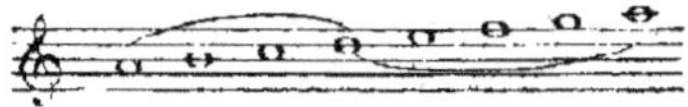

tandis que l'hypodorien se divisait de cette manière :

Dans la figure B, la finale *sol* joue le rôle de *dominante*, par rapport à la tonique *ut*; on a là une gamme *majeure renversée*. Au contraire, dans la figure A. la finale *sol* est une *fondamentale harmonique* vis-à-vis de laquelle *ré* joue le rôle de *dominante*. Toutes les mélodies du *quatrième mode* avec *sol* pour base appartiennent-elles à l'octave *sol-sol* divisée en *quarte* et *quinte*? C'est ce qu'il nous est impossible de déterminer, vu le petit nombre d'échantillons de ce genre qu'il nous a été donné de recueillir.

Mélodies du quatrième mode (avec sol *pour finale).*

1 [1]

PRÉLUDE.

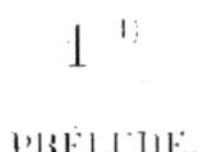

2

Exemple du chant Χερουβικον.

<hr>

(1) L'exemple 1 nous vient de M. Aphtonidis. — L'ex. 2 a été noté à l'européenne par M. Violakis. Il nous paraît inutile de donner la musique en entier; mais nous croyons devoir compléter ici les paroles, en les donnant telles qu'elles sont distribuées sous la mélodie.

Οἱ τὰ Χερου Χερουβὶμ μυστικῶς εἰκονίζο εἰκονίζοντες καὶ τῇ ζωοποιῷ[ζωο]ποι ζωοποιῷ Τριάδι τὸν τρισά-[γιον] ...ν]γιον ὕμνον προσᾴ (ὕμνον) προσᾴδοντες, πᾶσαν τὴν βιωτι βιωτικὴν ἀποθώμεθα μέρι μέριμναν, ὡς τὸν βασι τὸν βασιλέ[υεχε] βασιλέα τῶν ὅλων ὑποδεξόμενοι ταῖς ἀγγελι ἀγγελικαῖς ἀοράτως δορυφορούμενον τάξεσιν. Ἀλληλούϊα.

TRADUCTION DU GREC.

2

Nous qui figurons mystiquement les Chérubins et qui chantons l'hymne Trois fois saint à la Trinité vivificatrice, déposons tout souci de la vie, comme devant recevoir le Roi de l'univers, invisiblement escorté par les phalanges angéliques; alléluia!

Mélodies du quatrième mode (avec mi pour base).

1 [1]

(1) L'exemple 1 nous vient de M. Aphtonidis. — Nous avons traduit nous-même l'ex. 2 et l'ex. 3 d'après la notation orientale. Dans ces deux derniers exemples le *demi-dièse* placé à la clef indique que tous les *ré* doivent être surélevés d'un *quart de ton*, ce qui n'a pas lieu dans l'exemple 1.

-κου - σόν μου, εἰσ-ά - κου-σόν μου, Κύ - -
- ρι - ε. Κύ-ρι-ε, ἐ-κέ-κρα-ξα πρὸς σέ,
εἰσ-ά - κου - σόν μου· πρόσχες τῇ φω-νῇ
τῆς δεή - σε - ώς μου. Ἐν τῷ κε-κρα-γέ-
-ναι με πρὸς σὲ εἰσ-ά - κου-σόν μου, Κύ - ρι - ε.

Vivace.

Δι - ὰ ξύ-λου ὁ Ἀ - δὰμ πα-ρα-δεί-σου γέ - γο-νεν
ἄ - ποι-κος, διὰ ξύ-λου δὲ Σταυ-ροῦ ὁ λῃ-στὴς πα-ρά - δει-σον
ᾤ - κη-σεν. ὁ μὲν γὰρ γευ-σά - με - νος ἐν-το-λὴν ἠ - θέ-
-τη - σε τοῦ ποι-ή - σαν-τος. ὁ δὲ συ-σταυ-ρού - με - νος

3

Vivace.

4 [1]

Vivace.

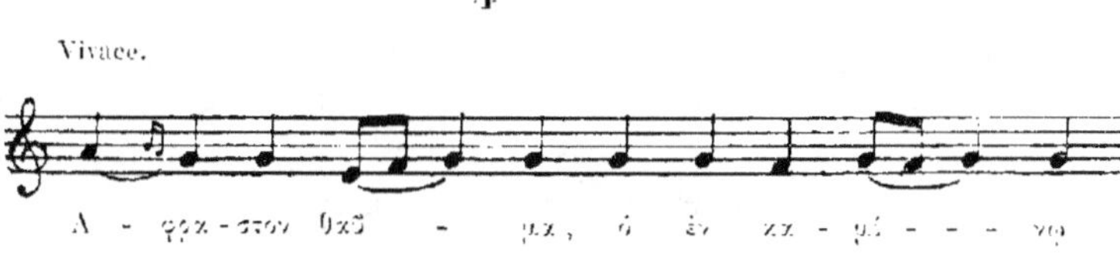

(1) Nous avons écrit l'ex. nº 4 à Khalki, sous la dictée de M. Tantalidis.

TRADUCTION DU GREC

1

Seigneur, j'ai cru vers toi, etc.

2

Par un bois Adam fut exilé du paradis; par le bois d'une croix un voleur habita le paradis. L'un, en mangeant le fruit défendu, repoussa l'ordre de son créateur: l'autre, crucifié avec lui, confesse le Dieu caché en criant: Souviens-toi de moi dans ton royaume!

3

Ils n'ont pas adoré la créature au delà du Créateur, les hommes inspirés de Dieu: mais, foulant vaillamment aux pieds la menace du feu, ils se réjouissaient en chantant: Toi que nous célébrons avec transport, Seigneur, Dieu de nos pères, sois béni!

4

Miracle ineffable! Celui qui, dans la fournaise, a retiré les saints enfants de la flamme, est déposé mort et sans souffle dans le tombeau, pour notre salut, à nous qui chantons: Dieu libérateur, sois béni!

QUATRIÈME MODE PLAGAL.

La gamme du *quatrième mode plagal* ressemble beaucoup à celle du troisième mode (c'est-à-dire à notre gamme *majeure*); mais elle a pour base *ut* au lieu de *fa*, et l'intervalle d'*ut* à *ré* est de cinq *quarts de ton*, ce qui réduit à *trois quarts* la distance de *ré* à *mi*.

Si la mélodie s'élève au-dessus de l'*ut* supérieur, elle prend alors le caractère du *majeur* européen.

Dans les chants *vifs*, dont l'étendue n'atteint pas l'octave, on fait le *si bémol*. Si la mélodie s'élève jusqu'à l'*ut* supérieur, on fait le *si naturel* en montant et *bémol* en descendant. En montant, l'intervalle de *la* à *si* est d'un *ton*.

Dans les chants *lents*, quand on dépasse le *sol*, on sort du mode. Tantôt l'on recommence un nouveau pentacorde semblable au premier, en prenant pour base *sol*; alors l'intervalle de *sol* à *la* devient d'un *ton et quart*, comme celui d'*ut* à *ré*. Tantôt l'on passe dans le *quatrième mode* avec tonique *sol* (variété ἄγια).

Dans les chants lents, lorsque la mélodie s'arrête sur le *ré* inférieur, le *ré* reprend sa position *diatonique* et n'est plus séparé de la note *ut* que par l'intervalle d'un *ton* (1).

Mélodies du quatrième mode plagal.

1 [2]

(1) Tant il est vrai que le *diatonique* est l'âme de toute musique.
(2) Cet exemple nous a été donné transcrit à l'européenne par M. Aphtonidis.

2
Lento.

3 [1]

Προκείμενον τῆς Μεγάλης Τεσσαρακοστῆς.

(1) L'ex. n° 3 nous a été donné, traduit en notation européenne, par M. Aphtonidis. Il en est de même de l'ex. n° 2. Ce dernier est un *Alléluia* et appartient à la catégorie des chants lents. Dans cette espèce de chants, les syllabes des paroles, se succédant à de longs intervalles, se trouvent, pour ainsi dire, noyées dans la mélopée. Dans le manuscrit qui nous a été communiqué, les paroles sont incomplètes; aussi nous sommes-nous abstenu de les donner ici.

TRADUCTION DU GREC.

1

Seigneur, j'ai crié vers toi, etc.

3

HYMNE POUR LE GRAND CARÊME.

Ne détourne pas ton visage de ton enfant, car je suis affligé, écoute-moi vite ; regarde mon âme et rachète-la !

RÉDUCTION DES MODES BYZANTINS

AUX MODES DIATONIQUES ANTIQUES.

On retrouve dans la musique byzantine, malgré les intervalles de *cinq quarts* ou de *trois quarts* de ton qui les altèrent, des vestiges irrécusables des sept modes *diatoniques proprement dits*, usités dans l'antiquité.

Ne serait-il pas utile d'appliquer aux gammes byzantines la classification antique si lumineuse et si simple? Les altérations qui empêchent les gammes byzantines de ressembler identiquement aux gammes diatoniques antiques ne sont pas dans toutes ces gammes des éléments constitutifs; souvent elles résultent des caprices de la loi d'attraction. Dans le cas même où elles sont fixes, on peut les considérer comme des moyens de *colorer* la simplicité primitive et l'essence naturelle des gammes diatoniques. Il y a là certainement, comme nous l'avons vu, un reflet lointain des χρόαι dont nous parlent les théoriciens de l'ancienne Grèce.

Quoi qu'il en soit, que l'on considère ces altérations comme inhérentes à l'essence même des gammes byzantines, ou comme de simples *colorations* du genre *diatonique*, on ne pourra nous savoir mauvais gré de tenter un effort de classification, en présence du pêle-mêle et de la confusion de genres et de modes que présente la musique ecclésiastique.

Il y avait dans l'antiquité trois *harmonies* principales : la *lydienne*, la *phrygienne*, la *dorienne*. Chacune de ces harmonies fournissait deux gammes ou *modes :* l'un, basé sur la dominante, l'autre, sur la tonique (1).

Le mode basé sur la tonique portait le même nom que le mode basé

(1) Voir l'introduction de notre recueil de **Mélodies** *populaires de Grèce et d'Orient.*

sur la dominante, seulement on faisait précéder ce nom de la préposition *hypo*.

D'après l'opinion de M. Gevaert, déjà citée par nous, il faudrait ranger parmi les harmonies *phrygiennes* la septième gamme appartenant au mode *mixolydien* et considérer sa finale *si* comme une médiante.

Cette dernière gamme était la plus *grave* de toutes les gammes antiques.

Si nous disposons ces sept gammes par ordre diatonique en partant du grave, nous obtiendrons le tableau qui suit :

(1) D'après le théoricien Gaudens, la coupe de la gamme *dorienne* doit se faire, non pas de *mi la* en *la mi*, mais de *mi si* en *si mi*. S'il en était ainsi, la gamme *dorienne* devrait être considérée comme basée, non sur une *dominante*, mais sur une *tonique*. On verra dans la 2e partie de l'Appendice que la théorie byzantine, en désaccord avec la doctrine de Gaudens, rejette la gamme de *mi* divisée en *quinte* et *quarte*, c'est-à-dire basée sur la *tonique*.

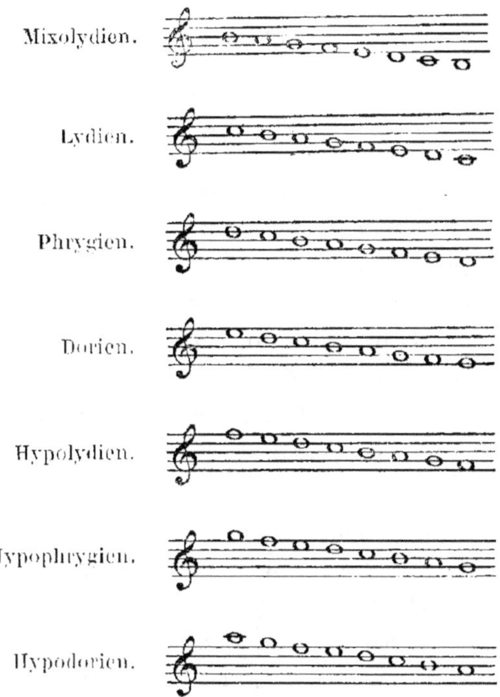

Nous avons dit que l'on retrouvait dans les gammes byzantines les sept octaves diatoniques de l'antiquité. En effet, le *troisième mode plagal*, avec *si* pour base ou *mode grave*, n'est autre chose que le *mixolydien* antique, non altéré, (au moins dans son *ambitus* strict) :

Au point de vue de la composition des intervalles, le *quatrième plagal* est semblable au *lydien* antique, sauf l'intervalle de cinq *quarts de ton* qui existe entre le premier et le second degré de son échelle. Mais nous devons faire cette restriction que, d'après les exemples que nous avons cités, il en diffère au point de vue de la coupe de l'octave.

La gamme *phrygienne* se retrouve dans la variété du *quatrième mode* qui a pour finale *ré* et dans un certain nombre de mélodies du *premier mode plagal*.

Toutes les mélodies de ce dernier mode ne sont pas *phrygiennes*; nous avons vu qu'il faut faire une distinction. — Les unes, celles qui ont pour finale *ré* et pour dominante *la*, sont des mélodies *hypodoriennes* transposées à la quinte inférieure (ce qui explique la présence du *si bémol*. — Les autres, celles qui ont pour finale *sol*, sont des mélodies *phrygiennes* transposées à la quinte inférieure ou à la quarte supérieure, ce qui justifie aussi la présence du *si bémol*. Dans ces mélodies, la fondamentale harmonique est *ut*, et la finale *sol* est une *dominante*. Quelquefois, comme dans le chant Ἰλαρόν, χρέος, la transposition a lieu à la *quarte inférieure*; dans ce cas le *si* est *naturel*, mais le *fa* est *dièse*.

La plupart des mélodies *phrygiennes* appartenant au *premier mode plagal* sont transposées : au contraire, nous trouvons la gamme *phrygienne* non transposée dans les mélodies appartenant à cette variété du *quatrième mode* qui a pour finale *ré*.

Le mode *dorien*, comme nous l'avons dit, a une analogie évidente avec le λέγετος. L'*ambitus* de cette variété du *quatrième mode* qui a *mi* pour finale, réduit à son étendue stricte, ne diffère en rien du *dorien* qui était le mode *hellénique*, par excellence. Le *fa*, il est vrai, est quelquefois *demi-dièse*, et le *ré* l'est constamment. Mais le *ré* n'est pas compris dans l'*ambitus* du mode, et le *fa* ne devient *demi-dièse* que par attraction.

L'espèce de prédilection que les maîtres byzantins semblent avoir eue pour le λέγετος et le bonheur mélodique dont ils ont fait preuve, presque toutes les fois qu'ils ont composé dans ce *mode*, ne contribuent-ils pas à rendre plus vraisemblable l'origine grecque que nous lui attribuons?

Le mode *hypolydien* se reconnaît dans toutes les mélodies du *troisième mode* et du *troisième plagal* avec *fa* pour base. Dans la gamme antique, il est vrai, le *si* est *naturel*, et dans le mode byzantin, il est *bémol*. Mais nous retrouvons cette même transformation du mode antique dans les mélodies du cinquième *ton* de notre chant grégorien, dont la filiation avec l'ancienne musique grecque n'a jamais été contestée.

« La substitution fréquente du *si bémol* au *si naturel,* motivée par la dureté de l'intonation de *triton,* a eu de bonne heure pour effet d'entamer l'intégrité du mode *hypolydien.* L'échelle de *fa* s'est ainsi transformée en une échelle d'*ut transposée,* entièrement semblable à l'octave *lydienne,* quant au placement des *tons* et des *demi-tons,* mais distincte de celle-ci par la façon dont elle se divise en *quinte* et en *quarte.* De cette nouvelle octave d'*ut* est né notre *majeur* moderne (l'*ionicus* de Glaréan) qui, peu à peu, a supplanté l'antique *hypolydien* (1). »

Qui sait du reste si la gamme *majeure* n'a pas été appliquée chez les Grecs eux-mêmes? La faculté qu'ils avaient d'employer tour à tour les deux systèmes *conjoint* ou *disjoint* (réunis dans le système *immuable*) leur permettait de faire entendre dans la même mélodie le *si nature* ou le *si bémol.* Or, de l'emploi du système *conjoint* (c'est-à-dire du *si bémol*) dans le mode *hypolydien,* naît une gamme semblable à la nôtre.

L'octave *hypophrygienne* se rencontre dans cette variété du *quatrième mode,* appelée ἄγια, qui a pour finale *sol* (2), (et peut-être dans le second mode).

Enfin l'octave *hypodorienne* se retrouve dans le *premier mode* et dans les mélodies du *premier mode plagal* qui ont pour tonique *ré* et pour dominante *la,* avec le *si bémol.* Les unes et les autres se trouvent généralement transposées à la quinte inférieure.

Le *second mode* de la musique ecclésiastique ne saurait être ramené d'une manière certaine à aucun mode diatonique proprement dit. C'est là un type original et propre à la musique byzantine. Mais notons un fait qui n'est pas sans intérêt : chez les Serbes, qui ont la même liturgie que les Grecs, le *second mode* de la musique ecclésias-

---

(1) Gevaert, *Histoire et théorie de la musique de l'antiquité,* p. 138.

(2) Avec cette restriction que, d'après les mélodies que nous avons citées, l'octave *sol-sol* semble devoir être partagée en *quarte* et *quinte,* et non en *quinte* et *quarte.*

tique est *diatonique*, et, par conséquent, reproduit tous les intervalles de l'octave *hypophrygienne*.

Quant au *second plagal*, la prédominance de sa gamme dans les mélodies turques lui assigne une provenance asiatique. Toutefois, on trouve dans le *chromatique* antique les éléments constitutifs de cette gamme (1). Il ne serait donc pas impossible que le *second mode plagal* dérivât lui aussi de l'antiquité.

(1) Voir Gevaert, *Hist. et théorie de la musique de l'antiquité*, p. 292.

CHAPITRE III.

DES CHANTS EXTÉRIEURS (AU TEMPLE) OU PROFANES.

(Ἄσματα ἐξωτερικά.)

Après avoir parlé de la théorie et des modes de la musique ecclésiastique grecque, nous ne pouvons nous dispenser de dire un mot d'un genre de productions tout spécial et à peu près inconnu en Europe. Il s'agit des chants *extérieurs* (au temple) ou *profanes* (ἄσματα ἐξωτερικά) composés par les musiciens orientaux, suivant la théorie et les modes de la musique ecclésiastique.

Cette application à des sujets profanes d'un art créé pour l'Église s'est produite en Occident au seizième siècle. Du temps de Palestrina et même avant, les compositeurs écrivaient des madrigaux ou des chansons dans le style et dans la forme de leurs compositions religieuses. Plus tard, ce fut le contraire qui se produisit. La langue musicale changea de caractère. De religieuse et propre aux choses divines qu'elle était à sa naissance, elle se fit de plus en plus mondaine, passionnée et dramatique. Dès lors, elle cessa de bien se prêter à l'expression du sentiment religieux, et il arriva aux compositeurs d'écrire ce que Choron appelle de la musique dramatique en *us*.

La transformation de la musique en Occident a été le produit de plusieurs siècles d'efforts et de travail. Cette transformation s'étant opérée en dehors de l'Église, et dans l'intention d'exprimer des sentiments d'un ordre étranger à l'Église, eut pour résultat d'amener une divergence de plus en plus grande, et bientôt une scission complète entre le Plain-Chant et la musique. La langue musicale actuelle est une création du génie moderne; bien qu'elle dérive de la musique de l'Église d'Occident, c'est à peine si, dans les traits de l'enfant, on reconnaît ceux de la mère.

Rien de pareil ne s'est passé en Orient, où la civilisation est restée stationnaire depuis le moyen âge. Chaque siècle a pu produire ses compositeurs dont quelques-uns ont enrichi la liturgie de nouveaux chants. Mais ces artistes, dont nous ne voulons point rabaisser la valeur, ne se sont jamais proposé pour but de créer un nouveau langage musical. Ils ont légué à leurs successeurs le patrimoine qu'on leur avait transmis, sans rien modifier à son essence théorique. Ils semblent plutôt s'être montrés jaloux de déployer dans la transmission de ce dépôt musical une fidélité qu'ils exagèrent un peu en en faisant remonter l'origine jusqu'à l'antiquité. En Orient, la destination presque exclusivement religieuse de l'art a eu pour effet d'immobiliser la langue musicale. Quand même ils l'auraient voulu, les musiciens orientaux n'auraient pu donner libre carrière à leurs facultés créatrices, sans être accusés « d'innover et de corrompre ce qu'il y a de grave et de saint dans la musique ecclésiastique » (1). A côté des chants d'Église, dont la production ne s'est jamais arrêtée, on observe bien une manifestation toute laïque de la pensée musicale; mais ce genre de production reste tributaire de l'Église par le langage, si elle lui est extérieur par l'objet. L'application de la langue religieuse à des sujets profanes a pu créer un petit courant parallèle au grand courant religieux; mais jamais ce développement extérieur n'a pris assez d'essor pour arriver à constituer un art indépendant.

Il a été publié dans plusieurs villes, notamment à Constantinople, plusieurs recueils de mélodies, romances ou chansons, notées à l'orientale et composées d'après la théorie de la musique ecclésiastique (2).

(1) Cette pensée se trouve exprimée dans le *Discours sur la musique ecclésiastique actuelle*, prononcé par M. Dimitrio-Bernardaky au premier anniversaire de la fondation de la Société de musique ecclésiastique, à Athènes.

(2) Tous les recueils de ce genre ne nous sont pas connus; mais nous pouvons en citer trois : le premier a pour titre « Euterpe », le second « Pandore », et le troisième « Anthologie musicale de Jean Zographos Keïvéli (Constantinople, 1872, imprimerie *l'Orient* d'Évangélinos Misaëlidis) ». Bien entendu, les romances et chansons contenues dans ces recueils ne

Les auteurs de ces chants profanes sont, en général, des musiciens d'église. Eux seuls, pour ainsi dire, possèdent la clef de la composition et de la théorie musicale.

On trouve parfois dans ces recueils des *mélodies populaires* notées. En général, ces mélodies procèdent de gammes uniquement composées de *tons* et de *demi-tons*. Mais l'habitude que les musiciens *orientaux* ont contractée des intervalles autres que le *ton* et le *demi-ton* par la pratique du chant ecclésiastique, fait qu'ils appliquent aux mélodies populaires les altérations des gammes byzantines, inhérentes d'ailleurs à leur théorie et à leur mode d'écriture.

Il est à remarquer que les chants *extérieurs*, même composés par des musiciens instruits, conservent l'empreinte de leur provenance. Les chansons d'Asie affectionnent le genre *chromatique*, et les chansons grecques les modes *diatoniques*. Cette diversité de caractère, très-profondément marquée dans les productions de l'art spontané, va en s'affaiblissant quand on s'élève à la production savante. Celle-ci tend à tout uniformiser. Pourtant les éditions du chant liturgique dans les églises d'Asie sont plus surchargées d'ornements et de fioritures que celles des églises d'Europe. Si l'influence du goût asiatique pénètre jusque dans la liturgie, à plus forte raison doit-elle marquer de son empreinte des compositions qui se rapprochent et s'inspirent du style populaire.

Nous avons traduit en notation européenne quelques-uns de ces chants *profanes*. Il en est qui ont un cachet populaire incontestable ; nous avons même trouvé notés dans des recueils plusieurs airs que nous avions recueillis en voyageant. D'autres trahissent évidemment la main de l'artiste et parfois même l'influence de la musique européenne.

On serait tenté de croire que les Orientaux, possédant un système musical si différent du nôtre, ne sont pas aptes à goûter notre musique. Il n'en est rien, et plusieurs exemples nous ont démontré que le goût des deux musiques est parfaitement conciliable. Plus on ira,

sont point harmonisées, puisque la théorie byzantine n'admet d'autre accompagnement que l'*ison*.

plus l'influence de la musique occidentale grandira en Orient. Cette influence s'explique par le rayonnement des idées, et par la force d'expansion bien supérieure de la civilisation européenne. Sur les théâtres de toutes les grandes villes, on joue des opéras italiens, français, allemands. Partout dans les classes aisées s'introduit l'usage du piano, et avec lui de la musique occidentale. Il n'est pas jusqu'à la notation orientale elle-même qui n'ait contribué à populariser certains produits mélodiques de l'Occident. Dans les recueils dont nous avons parlé, à côté de chansons turques, de chansons grecques, il y a aussi des chansons *européennes* qui sont ou des mélodies d'opéra ou des chants populaires de l'Europe. On peut dire à cet égard que les Orientaux sont plus curieux que nous des choses du dehors, puisqu'ils connaissent d'assez nombreux échantillons de notre musique, tandis que, chez nous, la réciproque est fort rare.

La musique orientale, parmi ses huit modes, comprend notre gamme *majeure* (1) et en use pour ses propres productions. Cela explique que, malgré la différence de race et de goût, les Orientaux fassent bon accueil à certains de nos chants. Mais ils sont dans leur droit, quand ils disent qu'il y a plus de richesse, au point de vue mélodique, dans leur musique que dans la nôtre. Si la longue enfance où a vieilli la musique orientale l'a privée des immenses ressources de l'harmonie dont l'invention fait tant d'honneur aux nations européennes, en revanche, elle jouit d'un antique privilège que notre musique a perdu : elle possède *huit* modes au lieu de *deux*, et cela lui assure une incontestable supériorité au point de vue de la variété de l'expression *mélodique*.

Le jour où les nations de l'Orient pourront appliquer l'harmonie à leurs *modes*, la musique orientale sortira enfin de sa longue immobilité. De ce mouvement jaillira un art original et progressif, dont l'avénement ouvrira de nouveaux horizons à la musique d'Occident.

---

(1) Notre gamme mineure, qui présente un mélange de diatonique et de chromatique, n'existe pas dans la musique orientale. Les deux modes de cette musique qui s'en rapprochent le plus sont : l'*hypodorien*, dont la gamme est franchement *diatonique*, et le *chromatique oriental*, dont la gamme est franchement *chromatique*.

CHAPITRE IV.

DE LA RÉFORME MUSICALE

EN ORIENT.

Nous avons dit, dans le premier chapitre de ces études, dans quel état complet de décadence est tombée la musique ecclésiastique grecque, au double point de vue de la théorie et de la pratique; malgré cela, nous pensons qu'il ne serait pas sage de détruire cette musique :

— Parce qu'elle constitue un patrimoine national et représente une tradition à la fois religieuse et politique;

— Parce qu'on ne peut la remplacer que par la musique de l'Église russe, art correct, mais banal et sans caractère;

— Parce que la musique religieuse, *réformée* et *améliorée*, peut servir de point de départ à la création d'une langue musicale originale et véritablement propre aux nations de l'Orient.

D'abord, il faudrait réformer le chant ecclésiastique *dans son exécution*. Tant qu'on entendra des chantres nasiller, chevroter et bêler, des enfants hurler et glapir, on ne devra point s'étonner si cela provoque de l'humeur et du dégoût dans l'assistance, pour peu qu'elle ne soit pas tout à fait dénuée d'éducation et de sentiment musical. Il a pu y avoir une époque où le beau idéal en musique consistait, pour les Orientaux, à savoir chanter du nez. Aujourd'hui, la prédominance du goût européen rejette cette bizarrerie comme une monstruosité et réclame énergiquement une émission vocale naturelle. L'abus des notes d'agrément, qui défigure les mélodies les plus expressives, pourrait facilement disparaître; le style actuel serait avantageusement remplacé par une exécution plus simple, plus large et moins hérissée de fioritures. Enfin, et surtout, il faudrait *chanter juste*. Malheureusement, l'emploi des intervalles de *trois quarts* et de *cinq quarts de ton* ajoute une difficulté presque insurmontable à l'interprétation d'une musique qui ne comporte l'emploi d'aucun instrument.

Il va sans dire que, tant qu'on aura des interprètes dont les voix seront incultes et chez qui la routine et la mémoire suppléeront à une véritable connaissance de l'écriture et de la théorie musicales, on ne sera point en droit d'attendre une amélioration dans le chant, quelle que fût d'ailleurs la réforme dont la musique elle-même aurait pu être l'objet.

Certaines personnes pensent que la réforme de la musique ecclésiastique doit se faire par la découverte des vrais principes qui réglementaient le chant byzantin à son origine. Certes, la connaissance exacte du passé est toujours instructive ; elle ne peut qu'être très-utile pour la réforme d'une théorie musicale aussi ancienne. Mais ce serait se bercer d'une vaine espérance que de prétendre résoudre la question pendante au moyen de l'*archéologie pure*. Cette science, fît-elle des miracles, est impuissante à donner par elle seule à la Grèce ce qu'il lui faut aujourd'hui.

La Grèce a besoin d'une musique *vivante*, et non d'une musique *momie*. On peut retrouver la clef d'une science dont la connaissance était perdue ; on ne saurait ressusciter un art quand il est mort. Placée aujourd'hui dans le courant de la vie, la Grèce réclame, non pas une reconstruction archéologique, ou une réapparition du passé (dans le cas où la chose serait rendue possible), mais une musique d'accord avec son sentiment, qui concilie à la fois ses aspirations comme nation moderne et ce qu'il y a d'encore vivant dans sa tradition nationale.

Suivant nous, les intérêts également légitimes qui créent dans l'opinion deux courants contraires, pourraient être satisfaits, si l'on introduisait dans la musique ecclésiastique la *polyphonie* (qui représente l'élément moderne par excellence), tout en sauvegardant les *modes* (qui représentent l'élément traditionnel et national).

Il ne s'agirait pas ici de refaire ce qui a déjà été tenté infructueusement par quelques musiciens européens. En appliquant aux mélodies grecques une harmonisation qui ne convient qu'aux modes *majeur* et *mineur*, ils ont tué en elles le caractère expressif particulier inhérent à des modalités qui n'ont point d'équivalent dans la musique moderne. Aujourd'hui, les progrès de la polyphonie permettent d'adapter à toutes les gammes antiques une harmonie qui en renforce l'expression sans l'altérer. Il suffit pour cela que *les parties accompagnantes soient conçues dans la même gamme que la mélodie principale*.

Un exemple éclaircira cette proposition. Dans le *mineur moderne*, l'intervalle qui sépare la tonique de la note précédente est d'un *demi-ton*; dans le *mineur antique* (mode *hypodorien*), cet intervalle est d'un *ton*. Supposons qu'on veuille harmoniser une mélodie *hypodorienne*. Si l'on introduit dans les parties accompagnantes la *note sensible*, qui n'existe pas dans la mélodie principale, le caractère de cette mélodie sera faussé, l'effet expressif inhérent au mode hypodorien sera détruit. Si l'on respecte, au contraire, dans les mélodies accompagnantes, la constitution modale de la mélodie principale (et cette constitution dépend de la place occupée par les *demi-tons* dans l'octave), en associant ensemble trois ou quatre mélodies d'une échelle identique, on triplera, on quadruplera la puissance de l'impression modale que la mélodie principale, isolée, pouvait produire.

L'*ison* des Byzantins, fondamentale harmonique tenue par une voix, tandis qu'une autre voix fait le chant, peut être considéré comme une harmonie rudimentaire. Mais cet embryon harmonique, par sa pauvreté et sa monotonie, désespère une oreille moderne, qui ne saurait supporter longtemps sans malaise et sans ennui une musique non *polyphone*.

La *polyphonie* peut être ou *vocale* ou *instrumentale*. La première a le désavantage de s'obtenir bien moins aisément que la seconde. Pour avoir un chœur chantant juste sans accompagnement, il est nécessaire d'en cultiver les voix et d'instruire les exécutants de longue main. Ce genre de musique n'admet point la médiocrité. Quand, à défaut de voix de femmes, on emploie des voix d'enfants pour avoir une étendue vocale complète, un bon résultat est encore plus difficile à obtenir; les voix d'enfants sont d'un maniement ingrat et exigent un dressage spécial.

Avec un instrument comme l'harmonium ou l'orgue, non-seulement on est assuré de la justesse de l'accompagnement (qualité qui fait souvent défaut aux voix seules), mais encore il suffit d'une personne qui chante et d'une autre qui joue pour produire un effet de polyphonie complet, tandis que la polyphonie vocale exige la réunion de plusieurs chanteurs exercés. Quant à l'effet dont cette dernière est capable, s'il est moins aisé à obtenir, il est en revanche incomparablement plus homogène, plus noble et plus religieux.

Nous avons vu que la musique grecque contient tous les modes *diatoniques* antiques, dont quelques-uns altérés par des intervalles de *trois quarts* et de *cinq quarts* de ton. Si l'on adoptait franchement la division européenne de l'octave en *tons* et en *demi-tons,* cela simplifierait beaucoup la réforme et permettrait d'appliquer très-facilement la polyphonie à tous les modes de la musique grecque. Au contraire, il est à craindre qu'en conservant dans ses gammes des intervalles plus petits que le demi-ton, elle ne perpétue une cause d'embarras funeste à son avenir. Ne serait-il pas préférable pour elle de renoncer à une richesse si dangereuse?

Bien que nous ayons constaté une analogie entre les nuances diatoniques connues dans l'antiquité sous le nom de χρόαι et les altérations modernes de la musique ecclésiastique, nous ne pensons pas que ces altérations soient une émanation spontanée du génie grec. C'est à l'influence de l'Asie, dont nous avons cherché à établir l'existence dans le premier chapitre de ces études, qu'il faut, suivant nous, en attribuer l'origine (1). Il nous répugne de penser que la Grèce soit poussée par

<hr>

(1) Le peu d'estime qu'avait Platon pour les genres de musique qui admettent des intervalles plus petits que le demi-ton, ressort de ce passage : « Il est plaisant en effet, Socrate, de voir nos musiciens, avec ce qu'ils appellent leurs *nuances diatoniques*, l'oreille tendue comme des curieux qui sont aux écoutes, les uns disant qu'ils découvrent un certain ton particulier entre deux tons, et que ce ton est le plus petit qu'on puisse apprécier; les autres,

l'inclination naturelle de son génie à adopter, pour les intervalles de sa musique, un principe complétement étranger au sentiment musical des autres nations de l'Europe, et qui la condamne à s'isoler intellectuellement du grand courant européen.

S'il nous était prouvé d'une manière absolue que le tempérament national exige la conservation d'intervalles autres que le *ton* et le *demi-ton*, loin d'en demander l'abolition, nous serions des premiers à en réclamer le maintien. Non-seulement cette opinion ne s'impose pas à l'esprit par des preuves irrécusables, mais on peut tirer de l'observation des faits des arguments puissants contre elle. Comment se fait-il que les mélodies populaires, empreintes au plus haut degré de la pure saveur grecque, soient franchement *diatoniques?* Comment expliquer l'usage, universellement répandu dans les provinces, du *bouzouki*, instrument dont les intervalles sont tous des *tons* ou des *demi-tons?* Vers la partie supérieure du manche se trouvent bien, il est vrai, des divisions correspondant à des *tiers* ou des *quarts de ton;* mais cette partie de l'instrument est réservée à l'exécution des mélodies *étrangères*, turques ou arabes. La présence sur un instrument populaire en Grèce de deux échelles mélodiques dont l'une, l'échelle européenne, est consacrée aux mélodies *grecques*, et l'autre, l'échelle à *quarts* ou à *tiers de ton*, aux mélodies *étrangères*, n'indique-t-elle pas quel est le véritable tempérament musical de la nation?

Si les amateurs d'intervalles altérés d'un *quart de ton* persistent à vouloir conserver dans la musique religieuse ce qu'on pourrait appeler un luxe asiatique, que du moins ils prennent les mesures nécessaires pour donner à l'exécution d'intervalles dont la justesse est si fragile la précision sans laquelle l'effet produit est intolérable! Le seul moyen d'y parvenir serait de former l'oreille des chanteurs avec des instruments fabriqués en Europe. Les instruments orientaux, comme le *tambour*, sont très-insuffisants ; leur usage, d'ailleurs, est peu répandu. Nous n'avons pas rencontré à Athènes, malgré nos

au contraire, soutenant que cette différence est nulle; mais tous d'accord pour préférer l'autorité de l'oreille à celle de l'esprit. » *République*, L. VII.

recherches, un seul de ces instruments, dont l'étude doit faire partie essentielle de l'éducation d'un chantre. L'orgue d'Alexandre à *quarts de ton* (modèle Vincent) serait de beaucoup préférable, à cause de la fixité de l'accord, et il aurait l'avantage de diviser le demi-ton *en deux parties égales*, ce qui ne se produit pas sur le *tambour*.

Presque tous les chantres s'égarent dès qu'il s'agit de ces intervalles minimes. Nous n'avons jamais pu obtenir d'un seul d'entre eux qu'il produisît en descendant une gamme les mêmes intervalles qu'en la montant. Mais, d'après des témoignages dignes de foi, si l'on règle les gammes ecclésiastiques avec des *quarts de ton*, et qu'on les fasse entendre avec précision sur un instrument, le chantre le plus chatouilleux se déclare satisfait. Cela tranche la question et prouve qu'entre le *tiers* et le *quart de ton*, il n'y a pas la place d'une querelle. L'important serait d'avoir des intervalles rigoureusement déterminés et sur la nature desquels chacun s'entendît. Les rapports d'intervalles, tels qu'ils sont établis par les théoriciens, sont radicalement impuissants à guider l'élève. La manière dont ces derniers divisent l'octave, avec une apparence mathématique, est purement idéale, et ne fournit à l'oreille aucun moyen pratique de contrôler la justesse des intervalles. Qu'en résulte-t-il? Une foule d'à peu près qui se traduisent dans l'exécution par autant de notes fausses. On peut dire sérieusement que la théorie actuelle oblige les chantres à chanter faux. Elle leur interdit formellement les intervalles *diatoniques* pour l'observance desquels l'oreille peut suffire, et les livre à la merci d'un élément perfide sans leur donner le moindre préservatif contre le naufrage. L'auxiliaire le plus sûr serait, nous le répétons, l'usage universellement répandu de l'orgue à *quarts de ton*. Si les règlements de l'Église grecque s'opposent irrévocablement à l'introduction d'aucun instrument dans les temples, au moins l'orgue susdit devrait-il figurer dans les écoles et dans les salles de répétition.

Dans le cas où on n'accepterait pas la réforme diatonique que nous avons proposée comme la plus pratique et la plus conciliable avec les exigences du goût moderne, on pourrait toujours appliquer la *poly-*

phonie aux modes actuels qui admettent la division européenne de l'octave en *tons* et en *demi-tons*. Peut-être même ne serait-il pas impossible de l'adapter aux gammes *altérées*, à la condition de n'introduire dans l'échelle mélodique des parties accompagnantes aucun intervalle étranger à la constitution de ces gammes. Ce problème pourrait être résolu de deux manières différentes : soit avec un instrument borné aux *demi-tons,* en évitant de faire entendre dans les parties accompagnantes les notes altérées, soit au moyen de l'orgue à *quarts de ton,* qui permettrait de reproduire dans l'accompagnement les altérations *passagères* ou *fixes,* là où il s'en rencontre.

Il est possible que la gamme à *quarts de ton* ouvre un jour des horizons nouveaux aux combinaisons de l'harmonie (1). Pour le moment, la réforme fondée sur la conservation des intervalles plus petits que le *demi-ton* nous paraît, sinon impraticable, au moins très-périlleuse à tenter. Elle nécessiterait, pour être conduite à bien, une science profonde jointe à un puissant génie créateur. La réforme, une fois faite, imposerait, pour être répandue et appliquée, d'immenses sacrifices. Elle exigerait un outillage spécial d'instruments d'étude, sans lesquels elle avorterait infailliblement. Elle créerait l'obligation d'une double instruction musicale à donner, car la Grèce ne peut demeurer étrangère à l'art européen.

Qui sait même, dans le cas où on réussirait à l'introduire, si cette réforme n'irait pas contre son but, en profitant à la musique *diatonique?* Devant la difficulté qu'il y aurait à s'initier à une théorie compliquée et toute spéciale, il serait à craindre que la majorité ne se jetât dans les bras de la musique européenne *telle qu'elle est.* On s'exposerait ainsi à voir périr les parties saines et fécondes que contient l'élément national.

Ce serait vraiment dommage que, par attachement pour les raffinements de ses intervalles minimes, l'Orient en vînt à perdre jusqu'à ses *modes diatoniques.* Ces derniers, nous l'avons dit, ne sont point incompatibles avec la *polyphonie* moderne; au contraire, de leur

(1) Il n'est que juste de mentionner ici les tentatives faites dans ce sens, en France par M. Populus, et en Espagne par M. José Perez.

mariage avec elle doit naître un avenir fécond pour l'art oriental, et une extension de ressources pour l'art européen. Ne serait-il pas d'un intérêt mieux entendu, au lieu de construire une nouvelle barrière entre la musique occidentale et la musique orientale, d'unir les deux éléments qui vivent actuellement en Orient dans un célibat stérile? On n'aurait ainsi qu'une seule éducation musicale à donner, on concilierait à la fois la cause de la tradition nationale, qui a sa racine dans le passé, et celle du progrès, qui intéresse l'avenir. C'est à quoi l'on ne saurait parvenir sans une *réforme dans la notation*.

Quelle raison valable peuvent invoquer les musiciens orientaux pour la conservation de leur écriture? Aucune, à notre sens. Même en supposant que la musique grecque réformée conserve toutes les subtilités qui compliquent sa théorie, il n'est aucune de ces subtilités qui ne puisse s'exprimer en notation européenne d'une manière plus précise et plus claire, à l'aide des deux signes dont nous avons fait usage: le *demi-dièse* et le *demi-bémol*.

La notation grecque actuelle n'exprime pas des sons *absolus*, mais des *rapports d'intervalles*. Ces rapports ne sont déterminés que par leur relation avec la première note du morceau. C'est à peu près comme si, dans un livre, les syllabes qui composent un mot n'avaient de sens pour le lecteur qu'à la condition pour lui de connaître la première lettre de l'alinéa. Chaque intervalle (seconde, tierce, quarte, etc.) change de nature suivant la note qui sert de point de départ, et suivant le *mode* dans lequel est écrit le morceau, sans que rien dans l'écriture exprime ce changement. On comprend combien l'emploi d'une pareille notation peut engendrer d'erreurs dans l'interprétation d'une musique dont la théorie n'est pas fixée. Certainement la confusion qui règne dans cette théorie se perpétuera tant qu'elle trouvera une complicité aussi funeste dans l'écriture. Avec des caractères exprimant des sons *absolus*, il n'y a pas deux manières d'interpréter ce qui est écrit. C'est là l'immense supériorité de la portée européenne. Ajoutons que si la polyphonie instrumentale s'introduisait en Orient (et nous espérons qu'elle s'y introduira avant peu), la notation actuelle serait radicalement impuissante à l'exprimer avec quelque clarté (1).

Pourquoi ne pas abattre cette muraille qui empêche deux civilisations de se connaître et de se pénétrer réciproquement? Il y a quelque chose d'affligeant à voir, dans un même pays, deux couches de connaissances qui se superposent sans qu'il y ait aucun point de contact entre elles. L'existence d'une notation unique serait avantageuse pour l'Orient; elle lui permettrait d'emprunter à l'Occident le fruit d'un travail de plusieurs siècles, d'appliquer le résultat de ces découvertes aux éléments d'incontestable originalité que sa musique renferme et qui n'ont pu jusqu'à présent être développés. L'Occident y gagnerait aussi. L'indifférence un peu dédaigneuse des artistes européens pour les productions musicales de l'Orient cesserait le jour où l'unification de l'écriture leur permettrait d'arriver facilement à les connaître. Bien des faits encore ignorés seraient ainsi révélés et pourraient être exploités dès qu'ils auraient été mis en lumière.

La langue musicale européenne, malgré sa richesse, ou plutôt à cause de la richesse même de son développement, en est venue à ne plus pouvoir se contenter de la simplicité, par crainte du banal. L'art moderne se voit donc condamné de plus en plus à manquer de cette qualité, qui est incontestablement une des causes de la supériorité de l'art antique. La connaissance approfondie des choses de l'Orient découvrirait aux musiciens européens des horizons encore inaperçus. En puisant à cette source éternelle des connaissances humaines des moyens d'expression nouveaux, la musique moderne, déjà mûre, se retremperait, se rajeunirait. Elle pourrait alors parler simplement, ce qu'elle n'ose plus faire aujourd'hui.

(1) Au point de vue de l'expression du rhythme, la notation orientale, à peu près suffisante pour les mélodies ecclésiastiques, qui n'ont pas à proprement parler un rhythme régulier, représente d'une manière trop imparfaite les rhythmes franchement dessinés des mélodies populaires. En effet, cette écriture ne peut représenter que le *temps*, c'est-à-dire l'*unité*, et ses subdivisions; elle n'exprime pas une collection ou une association d'unités groupées de manière à produire un dessin rhythmique; il s'ensuit que, dans cette notation, les éléments du rhythme sont figurés isolément et sans lien les uns avec les autres, exactement comme si, dans la notation européenne, on supprimait les barres de mesure en laissant subsister les valeurs.

Qu'il nous soit permis de formuler deux souhaits. Le premier, c'est que la Grèce, cette nation si ardente et si jeune, douée d'une vitalité si grande et passionnée à un si haut degré pour toutes les branches du savoir humain, fasse des efforts pour sauver les éléments de sa musique indigène.

Nous avons indiqué le seul moyen par lequel on puisse, suivant nous, sauver d'une complète destruction la musique ecclésiastique : faire la part du feu, c'est-à-dire sacrifier les intervalles altérés pour conserver les *modes*, tout en les fécondant par la polyphonie.

Il est une autre forme de l'art qui n'est pas le moindre trésor du patrimoine musical des Hellènes : ce sont les *chants populaires*. Ces chants où l'on rencontre, au point de vue des modes, des rhythmes et de l'invention mélodique, tant de variété jointe à tant de profondeur et à tant de charme d'expression, n'ont point été fixés par l'écriture. Ils doivent être recueillis pieusement comme l'émanation la plus pure de l'âme musicale de la Grèce. Si on ne le fait pas dès aujourd'hui, ils finiront par disparaître, car la Grèce se voit de plus en plus envahie par la production européenne. Son incessant contact avec l'Italie et d'autres contrées voisines a déjà importé une foule d'airs qui n'ont pas la saveur du terroir, et qui n'exhalent pas ce parfum à la fois antique et jeune de la séve hellénique.

Qu'on recueille les chants véritablement grecs avec persévérance, avec passion, dans toutes les provinces! Les écoles nombreuses dont la fondation fait tant d'honneur à l'esprit de progrès et d'initiative des Grecs qui les soutiennent, serviront naturellement de centres pour ce travail. On a déjà publié de nombreux recueils contenant les paroles des chants populaires de la Grèce (1). Un intérêt non moindre réclame qu'on en publie aussi la musique. [Nous ne parlons pas ici des *danses*. Il serait pourtant intéressant d'en recueillir aussi les derniers vestiges, car elles forment, avec la *poésie* et la *musique,* une alliance indissoluble dans les manifestations de la muse populaire.]

(1) Dernièrement encore, M. Émile Legrand faisait paraître un nouveau volume de chansons populaires inédites, avec le texte grec et la traduction française. (Maisonneuve éditeur, Paris.)

Quand ce travail musical aura été fait, la Grèce possédera des matériaux qui lui permettront d'édifier un art à la fois savant et *original*, européen et *national*. Où est le berceau de la mélodie moderne? Où est le point de départ des chefs-d'œuvre qui honorent les écoles italienne, française et allemande? Dans le *chant populaire*. Si la Grèce devient un jour un foyer de production savante, il importe, pour que ce mouvement soit original et fécond, que l'art puise à ces sources vivifiantes du génie national. Elle trouvera presque intact, dans ses mélodies populaires, le patrimoine que l'antiquité lui a laissé et que celles-ci lui ont fidèlement gardé en dépôt. Une grande partie de ce patrimoine n'a pas été exploitée par les nations occidentales : en *appliquant à ces éléments nouveaux les acquisitions de la science moderne*, la Grèce rendra un service signalé au monde musical et à elle-même. Il est inadmissible qu'un pays possédant en soi des éléments féconds d'originalité, se borne à copier servilement ce qui se fait ailleurs, Quant à l'Europe, comme elle est personnellement intéressée à la réalisation de ce programme, elle doit aider la Grèce à le remplir.

Ici nous émettrons le second de nos vœux. Nous demandons au ministre qui a bien voulu nous confier une mission malheureusement trop courte pour amener un résultat décisif, de ne pas s'en tenir à un acte isolé. Puisque nous avons une école française à Athènes, pourquoi n'y enverrait-on pas des musiciens comme on y envoie des architectes? Ces musiciens auraient mission d'explorer le monde hellénique et le monde oriental (1). La présence des musiciens à l'école d'Athènes aurait un double avantage. Elle assurerait à la France la connaissance sérieuse de l'Orient au point de vue musical. Elle établirait pour la première fois un point de contact entre la musique et l'archéologie.

(1) Comme un séjour à Athènes n'est pas suffisant pour étudier toute la surface du génie oriental, il serait aussi à désirer que le ministre mit à la disposition des élèves ou des savants en mission un pied-à-terre à Constantinople. Ne pourrait-on y réserver pour eux un logement, si modeste qu'il fût, au palais de l'ambassade française ?

Le *vivre* et le *couvert* sont fort chers dans cette ville, et il est à désirer que les personnes qui voyagent dans un but scientifique ou artistique économisent le plus possible à ce point de vue, pour pouvoir faire de plus larges sacrifices dans l'intérêt de leurs études et de leurs recherches.

La fréquentation des musiciens aurait pour résultat de lancer quelques-uns de nos jeunes archéologues d'Athènes dans une voie nouvelle pour eux, celle de l'archéologie musicale. Depuis la mort de Vincent, cette science est fort délaissée en France (1), et les travaux français se trouvent aujourd'hui dépassés par ceux des Allemands et des Belges.

Les anciens assignaient à la musique un rôle si important dans l'éducation, qu'on connaît incomplétement l'antiquité, si on ne l'a point étudiée à ce point de vue. Certes, l'étude minutieuse et sans cesse répétée des œuvres d'art et de l'histoire a un immense intérêt pour nous faire connaître à fond le côté plastique, politique et social de l'antiquité. Mais, en s'efforçant de pénétrer le mystère qui enveloppe encore sa musique, on y gagnerait de connaître dans ses replis les plus mystérieux l'âme même de la civilisation antique.

Rappelons-nous que la musique était honorée par les anciens bien autrement qu'elle ne l'est par les modernes. Chez nous, la musique n'a pas d'autre but que la musique même, c'est-à-dire, que le *plaisir* qu'elle procure. Chez les anciens, qui croyaient à son *influence morale*, elle concourait, comme un auxiliaire puissant dans l'éducation, à la direction des passions et au développement des caractères. On comprend qu'avec des visées bienfaisantes et nobles, l'art se soit maintenu chez eux dans les hauteurs, et ne se soit pas abaissé à ces flatteries où on le voit condescendre trop souvent de nos jours.

Pourquoi les anciens pensaient-ils ainsi? Pourquoi nous, modernes, pensons-nous autrement? Dans un siècle comme le nôtre, il nous semble que la question vaudrait bien la peine d'être étudiée. Elle ne pourra l'être avec fruit que le jour où les méthodes rigoureuses appliquées aujourd'hui par l'archéologie à l'étude des arts plastiques de l'antiquité, le seront aussi à celle de sa musique.

(1) Si abandonnées que soient ces études, il est encore en France des personnes qui s'en occupent. Parmi les plus compétentes et les plus zélées, nous ne saurions nous dispenser de citer M. E. Ruelle.

APPENDICE.

———

Il n'existe aucun livre en français qui puisse donner une idée exacte de la théorie et de la notation de la musique orientale. Le désir d'éviter à ceux qui voudraient apprendre cette notation les obstacles sérieux que nous avons rencontrés nous-même, nous décide à publier une traduction d'un abrégé de la théorie de Chrysanthe de Madytos. Cette traduction, que nous devons à l'obligeance et au dévouement de M. Ém. Burnouf, nous a permis d'arriver assez promptement à lire une écriture qui, sans cela, serait restée pour nous indéchiffrable.

L'écriture actuellement en usage en Orient date de cinquante ans environ. Elle est le résultat d'une réforme opérée par Chrysanthe de Madytos, Grégoire Lampadarios et un autre maître de la musique byzantine. L'écriture précédente, qui remonte à cent ans, était elle-même le fruit d'une réforme antérieure appliquée à l'écriture la plus ancienne qui, elle, remonterait au douzième siècle.

La première de ces deux réformes eut pour résultat de rendre analytique une notation jadis trop synthétique : dans l'écriture ancienne, un seul signe pouvait exprimer à lui seul toute une phrase musicale; dans l'écriture moderne, chaque intervalle est représenté par un ou plusieurs caractères.

La seconde réforme a eu pour but de réduire de quinze à dix le nombre des caractères représentant les *intervalles*.

TRADUCTION

D'UN

ABRÉGÉ DE LA THÉORIE DE LA MUSIQUE BYZANTINE

DE

CHRYSANTHE DE MADYTOS.

PREMIÈRE PARTIE.

DES CARACTÈRES.

Les caractères qui servent à écrire les intervalles de la mélodie sont
au nombre de dix.

Il y en a de trois espèces : des caractères *ascendants,* des caractères
descendants et un caractère *neutre.*

Le caractère *neutre* est :

L'*ison* (ἴσον). . . . . ⌐ o (1).

Il y a cinq caractères *ascendants :*

L'*oligon* (ὀλίγον) . . . . — α

La *pélaste* (πεταστή) . . . . ⌐ʋ α

Les *kentimata* (κεντήματα) . . . . ‚‚ α

Le *kentima* (κέντημα) . . . . ‚ ό

L'*hypsile* (ὑψηλή) . . . . ⌡ ô

(1) Le zéro exprime l'immobilité de la voix. Les lettres indiquent que la voix franchit d'un
bond un ou plusieurs degrés de l'échelle. Les chiffres expriment une série de sons qui se
suivent par degrés conjoints.

Il y a quatre caractères *descendants :*

L'*apostrophe* ἀπόστροφος . . . . ⌐ *a*

L'*hyporrhoé* ὑπορροή . . . . ✓ 2

L'*élaphron* ἔλαφρον . . . . ⌣ 6

La *chamile* χαμηλή . . . . ↳ δ

Aucun de ces caractères, pris isolément, ne représente un son déterminé. *Chacun n'exprime, par lui-même, que l'intervalle qui sépare le son qui précède de celui qui suit.* Il est donc nécessaire, pour déterminer le son exprimé par chaque caractère, de se rapporter à une note initiale connue; ce qui suit va le démontrer.

L'*ison* indique que le son ne change ni en montant ni en descendant, mais qu'il reste le même. C'est ce qu'indique le zéro placé à côté. Quand l'*ison* se trouve placé au commencement d'un morceau, il produit le son initial (1).

L'*oligon*, la *pétaste*, les *kentimata* veulent que la voix s'élève d'un degré. C'est ce qu'indique la lettre z.

L'*apostrophe* veut que la voix descende un degré; c'est ce qu'indique encore la lettre z.

L'*hyporrhoé* veut que la voix descende deux degrés en faisant entendre le son intermédiaire. C'est ce qu'indique le chiffre 2 placé à côté.

Le *kentima* veut que la voix franchisse d'un bond deux degrés en montant, c'est-à-dire monte d'une *tierce*. C'est ce qu'indique la lettre ς.

L'*élaphron* veut que la voix franchisse d'un bond deux degrés en descendant, c'est-à-dire descende d'une *tierce*. C'est ce qu'indique la lettre ς.

L'*hypsile* veut que la voix franchisse d'un bond quatre degrés en montant, c'est-à-dire monte d'une *quinte*. C'est ce qu'indique le δ.

1. Le signe qui indique quel est le son initial s'appelle *martyrie*. La martyrie ne se chante pas, elle fixe le point de départ; et l'on chante sur l'*ison* le son initial, déterminé par la martyrie.

La *chamile* veut que la voix descende d'une *quinte*. C'est ce qu'indique le δ.

Donc, pour écrire une mélodie :

On se sert de l'*ison*, lorsque le son ne change pas ;

Lorsqu'on a une série de sons qui se suivent par degrés conjoints, en montant, on emploie l'*oligon*, la *pétaste* et les *kentimata;*

Quand on veut exprimer une série de sons qui se suivent en descendant par degrés conjoints, on se sert de l'*apostrophe* et de l'*hyporrhoé*.

Dans les cas où la voix doit franchir d'un bond plusieurs degrés en montant, on a recours à des combinaisons de caractères. En effet, ni le *kentima* ni l'*hypsile* ne peuvent s'employer seuls. L'*élaphron* et la *chamile*, au contraire, jouissent de cette propriété.

De la combinaison des caractères.

La combinaison des caractères consiste dans l'art de les associer entre eux suivant certaines règles, de manière à représenter tous les intervalles qui peuvent se produire d'un son à un autre.

Des dix caractères musicaux, quelques-uns peuvent s'employer seuls. Ce sont: l'*ison*, l'*oligon*, la *pétaste*, l'*apostrophe*, la *chamile* et l'*élaphron*.

Les autres ne peuvent s'employer isolément, mais ils servent à augmenter la valeur des caractères auxquels ils sont associés, dans une certaine mesure, suivant la place qu'ils occupent.

Ainsi le *kentima*, s'il est placé en avant de l'*oligon* ou au-dessous, indique que la voix doit franchir un intervalle de *tierce;* et, s'il est placé au-dessus de l'*oligon*, un intervalle de *quarte*.

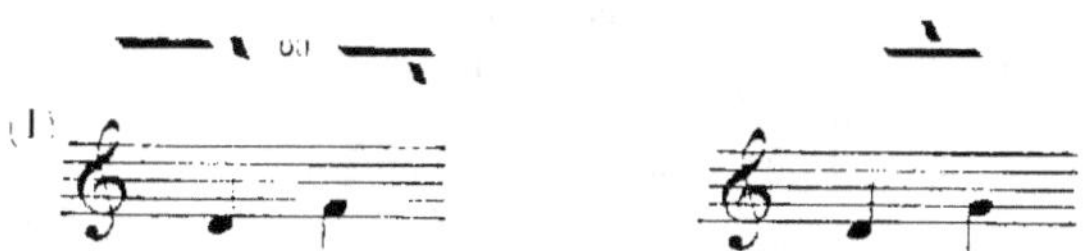

(1)

----

(1) Dans notre traduction en notation européenne, nous représentons l'unité de temps par la *noire*. (Voir p. 105.)

Dans la traduction de tous les exemples où la présence d'une marlyrie n'indique pas quel

— 82 —

L'*oligon* et la *pétaste se subordonnent* à tous les caractères, excepté les *kentimata* (1).

Dans ce cas, le caractère inférieur perd sa valeur et l'on compte seulement celle du caractère supérieur. Ainsi, quand l'*hypsile* est placée sur l'*oligon*, la quantité de l'*oligon* se perd, et l'on compte seulement la valeur de l'*hypsile*.

Quand l'*apostrophe* et l'*élaphron* sont associés de cette façon ⊃⌒, cela indique que la voix, au lieu de franchir un intervalle de *tierce*, doit émettre deux sons se succédant par degrés conjoints ; le premier de ces deux sons est censé affecté d'un *gorgon* (2).

L'*oligon* et la *pétaste* se subordonnent au *kentima* et à l'*hypsile* de cette manière :

Dans ce cas, on le voit, leur propre valeur disparaît. Ils se subordonnent aussi à l'*ison* et aux caractères descendants. Dans ce cas, également, le caractère placé en dessous ne compte pas.

Le tableau suivant indique les diverses combinaisons de caractères usitées dans la notation orientale et les intervalles que ces combinaisons expriment.

Composition de l'Oligon.

Composition de la Pétaste.

(1) Le *zéro* et l'*alpha*, placés à une certaine distance l'un de l'autre, indiquent deux intervalles distincts juxtaposés. Il en est de même des lettres α α, β α, δ α, etc.

(2) Les lettres α, β, γ, etc., placées côte à côte, indiquent un seul et même intervalle.

Composition des caractères descendants.

DE LA PARALLAGE.

La *parallage,* c'est l'action de solfier.

On place sous les caractères le nom des sons qui y correspondent, de manière que l'élève, en voyant les caractères, chante les notes qu'ils expriment.

Quand l'élève a appris à chanter une leçon, en nommant les notes, il suffit qu'au nom des notes il substitue les syllabes des mots pour exécuter le morceau, tel qu'il doit l'être.

Avant tout, il faut se garder d'oublier, dans la pratique du solfége, que, dans toute mélodie, il y a un signe appelé *martyrie* (μαρτυρία) qui se place au commencement pour indiquer le *son initial.* La notion de ce point de départ est indispensable pour chanter une mélodie.

Après la *martyrie,* viennent les caractères qui se succèdent en indiquant soit l'émission d'un son identique au son initial (l'*ison*), soit un mouvement ascendant ou descendant.

Ce double mouvement (ascendant ou descendant) peut se faire par degrés *conjoints* ou *disjoints.*

L'élève doit observer la valeur des caractères, et émettre le son correspondant.

Montrons-le par un exemple pris sur la première échelle continue.

Pour solfier dans le genre diatonique on emploie la martyrie $\frac{\pi}{q}$. Cette martyrie indique que le son πα (*ré*) est la note initiale. Puisque le premier caractère qu'on rencontre est l'*ison*, on doit chanter πα (*ré*) sur l'*ison*.

Puis aux deux *apostrophes* on doit appliquer les deux sons descendants να (*do*), ζω (*si*), — aux trois *oligon*, les trois sons ascendants να (*do*), πα (*ré*), βου (*mi*), — aux deux *apostrophes* les deux sons descendants πα (*ré*), να (*do*), et ainsi de suite, jusqu'à ce qu'on arrive au dernier son πα (*ré*). (Voir l'ex. I au *verso.*)

Après avoir chanté πα (*ré*) sur l'*ison*, on chantera γα (*fa*) sur le *kentima* et βου (*mi*) sur l'*apostrophe;* sur l'autre *kentima* on chantera δι (*sol*), et sur l'*apostrophe*, γz *fa*, et ainsi de suite jusqu'à la fin. (Voir l'ex. II.)

Quel que soit le son représenté par un caractère simple ou par des caractères composés, il faut *qu'on l'émette franchement et qu'on n'émette que celui-là.*

Il faut beaucoup d'attention et une préparation suffisante pour arriver à ce résultat.

EXEMPLE I.

(1) Cette *martyrie* indique que le son initial est *ré*, mais ne désigne pas l'octave à laquelle cette note doit se faire. Dans notre traduction, nous prenons arbitrairement, tantôt le *ré* situé au-dessous de la portée (clef de *sol*), tantôt le *ré* de la quatrième ligne.

γα βου κε δι γα βου πα βου γα δι γα βου
πα νη πα βου γα βου πα νη ζω νη πα

Exemple II.

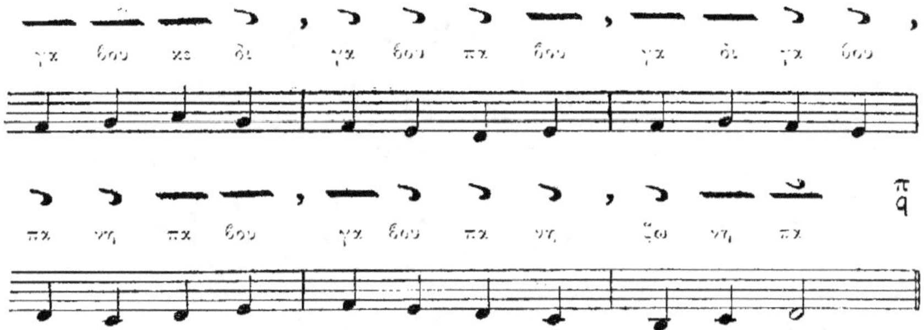

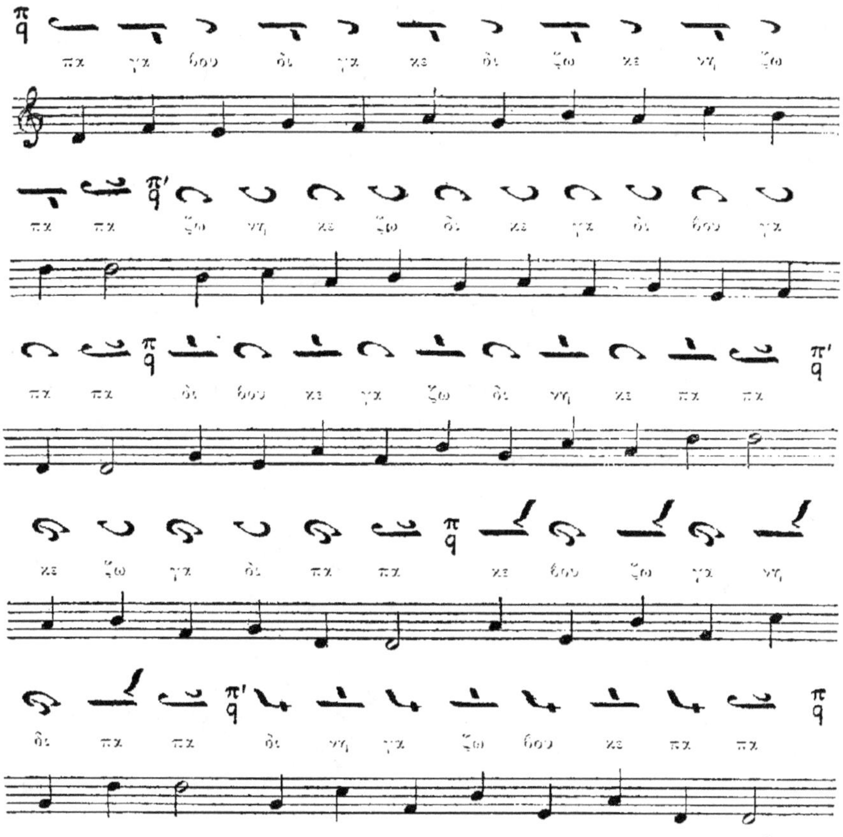
πα γα βου δι γα κε δι ζω κε νη ζω
πα πα ζω νη κε ζω δι κε γα δι βου γα
πα πα δι βου κε γα ζω δι νη κε πα πα
κε ζω γα δι πα πα κε βου ζω γα νη
δι πα πα δι νη γα ζω βου κε πα πα

Les maîtres exercent les élèves au *solfége*, en écrivant sous les caractères le nom des notes. Cette méthode sert à faciliter l'étude de la musique et non à obtenir un résultat définitif. L'on devra ensuite effacer le nom des notes et laisser seulement les caractères, afin que l'élève, en les voyant, s'accoutume à trouver les sons qui y correspondent.

DE LA SYMPHONIE.

On dit qu'il y a *symphonie*, toutes les fois que deux sons, différant en acuité, s'unissent, quand on les émet en même temps. Il faut, qu'en frappant notre oreille, ces deux sons se distinguent l'un de l'autre et pourtant qu'en résonnant simultanément, ils nous procurent une sensation acceptable et agréable à la fois.

Dans l'émission simultanée de deux sons, il faut distinguer quatre cas :

l'*homophonie* (τὸ ὁμόφωνον),
la *symphonie* (τὸ σύμφωνον),
la *diaphonie* (τὸ διάφωνον),
la *paraphonie* (τὸ παράφωνον).

L'*homophonie* consiste dans l'émission simultanée de deux sons qui ne diffèrent ni en acuité ni en gravité (c'est l'*unisson*).

Il y a *symphonie*, lorsque deux sons, différant en acuité, s'unissent, si on les émet en même temps. Les intervalles de *quarte*, de *quinte*, d'*octave* et les intervalles composés de *quarte* et d'*octave*, de *quinte* et d'*octave*, sont appelés intervalles *symphones*. — L'*unisson*, nous l'avons vu, ne saurait produire une *symphonie*.

On appelle *diaphones* deux sons qui ne se fondent pas entre eux, quand on les émet. Ex. : πα ϐου (*ré mi*).

On appelle *paraphones* deux sons qui tiennent le milieu entre le *symphone* et le *diaphone*, et qui, lorsqu'ils sont émis ensemble, paraissent *symphones*. Ex. : νη ϐου (*ut mi*).

On reconnaît aujourd'hui quatre espèces de symphonies (1) :

La *tierce* : ϐου δι (*mi sol*) représentée par. . . 20 divisions (2).
La *quarte* : νη γα (*ut fa*). . . . . 28 —
La *quinte* : νη δι (*ut sol*). . . . . 40 —
L'*octave* : νη νη (*ut ut*). . . . . 68 —

DU ποιόν EN MUSIQUE.

Le ποιόν, c'est la mesure des intervalles.

Le ποιόν, c'est à la fois la mesure du temps et la manière d'émettre le son.

Par la mesure du temps, on sait ce qui doit être lent ou rapide; par l'émission du son, ce qui doit être fort ou faible, égal ou inégal, doux ou rude, etc.

Le mouvement sert à mesurer le temps. Donc, pendant qu'on chante la mélodie, il faut ou mouvoir le pied, ou porter la main en haut et en bas, en frappant sur le genou.

L'intervalle d'un battement à un autre représente un *temps*.

Chaque caractère n'exprimant qu'un son, vaut un temps. — L'*hyporrhoé*, qui exprime deux sons, vaut deux temps; car chacun des deux sons exprimés vaut un temps.

(1) Il paraît que les maîtres byzantins confondent, dans la pratique, le *paraphone* et le *symphone*.

(2) Les musiciens orientaux représentent l'octave par une longueur divisée en 68 parties égales.

DES HYPOSTASES.

On appelle *brève* une note qui vaut un temps et *longue* celle qui en vaut plusieurs.

Comme il arrive souvent qu'une note vaut plusieurs temps ou qu'un temps se compose de plusieurs notes, il a fallu des signes différents pour l'exprimer. Ces signes s'écrivent soit au-dessus, soit au-dessous des caractères et s'appellent *hypostases* (ὑποστατικὰ σημεῖα). Donc une *hypostase* est un signe musical *muet*, qui exprime le τόνος de la mélodie et qui s'écrit soit au-dessus, soit au-dessous des caractères.

Il y a deux sortes d'*hypostases* :

Les unes expriment la mesure et sont appelées ἄχρονα; les autres, qu'on nomme ἔγχρονα, expriment la manière dont il faut émettre le son.

Les *hypostases* de la première espèce sont au nombre de six :

L'*aplie* (Ἁπλῆ). . . . . •

Le *klasma* (Κλάσμα). . . . . ꭒ

Le *gorgon* (Γοργόν . . . . ⌐

L'*argon* (Ἀργόν). . . . . ⌐

La *baria* (1) (Βαρεῖα). . . . . \

La *croix* (Σταυρός). . . . . +

L'*aplie* a la valeur d'un temps. Pour exprimer deux temps, elle devient *diplie* •• , pour en exprimer trois, *triplie* ••• , quatre, *tétraplie* •••• , etc.

Toutes les fois que l'*aplie* se trouve sous un caractère, le son qu'il exprime vaut deux temps : un temps pour le caractère, un temps pour l'*aplie*.

(1) On verra plus loin pourquoi l'auteur fait figurer la *baria* au nombre des *hypostases* qui expriment la mesure, bien qu'elle doive être rangée et qu'il la range lui-même parmi les *hypostases* qui n'expriment pas la mesure.

L'*aplie* s'écrit sous l'*hyporrhoé* de cette manière ✄ , et augmente d'un temps la valeur de la seconde note. [Si l'on sous-entend *ré* comme note initiale, l'*hyporrhoé* avec l'*aplie* se traduira ainsi en notes européennes :

]

Elle peut s'écrire aussi sous l'*apostrophe* surmontée du *gorgon* :

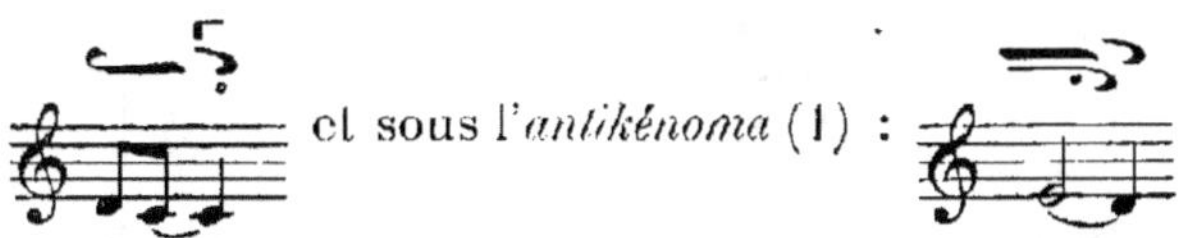

et sous l'*antikénoma* (1) :

Quel que soit le caractère sous lequel est écrite l'*aplie*, il acquiert une valeur de deux temps. L'*aplie* s'écrit sous tous les caractères, excepté les *kentimata*, parce que ce caractère a une valeur qui ne saurait excéder un temps. Quand sous un caractère se trouve l'*aplie* *double*, *triple* ou *quadruple*, etc., la valeur du caractère s'accroît d'un nombre de temps correspondant.

La *diplie*, la *triplie*, l'*aplie quadruple*, etc., s'écrivent dans tous les cas où l'on emploie l'*aplie*. Quand elle se trouve écrite en dehors des caractères et jointe à une *baria*, l'*aplie* représente un silence d'un temps, la *diplie*, un silence de deux temps, la *triplie*, de trois, etc.

Le *klasma* a la valeur d'un temps et se place sur tous les caractères, excepté l'*hyporrhoé* et les *kentimata*. En effet, l'*hyporrhoé* reçoit l'*aplie* au lieu du *klasma*. Quant aux *kentimata*, leur valeur ne peut excéder un temps.

Lorsqu'un caractère est surmonté du *klasma*, la note qu'il représente acquiert une valeur de deux temps, et, dans l'exécution, il faut que la voix ondoie en quelque sorte.

Le *gorgon* a pour effet de décomposer le temps en deux parties : moitié pour le caractère sur lequel il est placé et moitié pour le caractère précédent. Donc, lorsqu'on veut exprimer que deux sons

(1) Voir au chap. des *hypostases qui n'expriment pas la mesure*.

ne dépensent qu'un temps, on place le *gorgon* sur le second caractère :

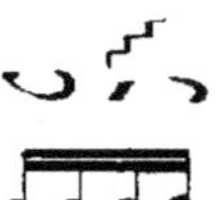

Quand on veut exprimer que trois sons dépensent un seul temps, on
emploie le double gorgon  et on le place sur le second caractère :

Quand on veut que quatre sons ne dépensent qu'un temps, on em-
ploie le triple gorgon 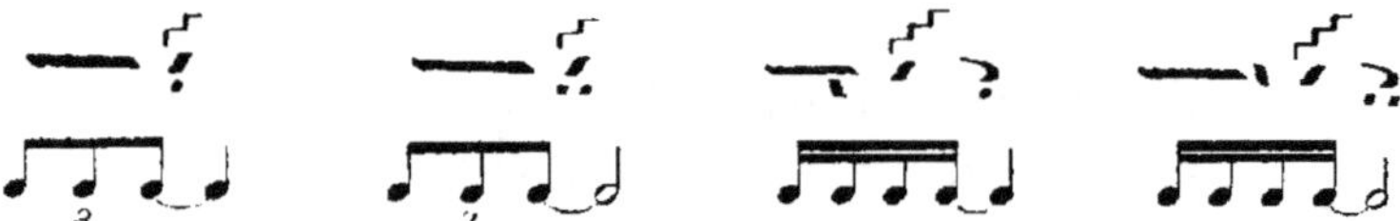 et on le place sur le second caractère :

et ainsi de suite.

Quand un caractère a le *gorgon* en dessus et l'*aplie* en dessous, le
gorgon agit le premier et ensuite l'*aplie :*

Il en est de même lorsqu'un caractère est affecté du *double gorgon* ou
du *triple gorgon* soit avec l'*aplie*, soit avec la *diplie.*

Mais, quand l'*aplie* et le *gorgon* sont au-dessus, il faut distinguer
si l'*aplie* est devant ou derrière le *gorgon.*

Rappelons d'abord que si le *gorgon* est placé seul sur l'*oligon* ,

(1) Dans cet exemple et dans ceux qui suivent jusqu'à la fin du chapitre, nous traduisons
les valeurs sans nous préoccuper des sons.

il a pour effet de diviser le temps en deux : un demi-temps doit être attribué à l'*oligon*, et un demi-temps à l'*ison*.

Lorsque l'*aplie* est placée à gauche du *gorgon*, le temps est divisé en trois parties : l'*ison* prend deux tiers du temps, et l'*oligon* le dernier tiers :

Quand l'*aplie* est à droite du *gorgon*, l'*ison* prend un tiers du temps et l'*oligon* deux tiers :

Lorsqu'une *diplie* se trouve placée à gauche du *gorgon*, comme il suit, le temps est divisé en quatre parties : l'*ison* prend trois quarts du temps, et l'*oligon* un quart :

Si, au contraire, la *diplie* est à droite du *gorgon*, l'*ison* prend un quart du temps et l'*oligon* trois quarts :

Quand le *double gorgon* est placé ainsi, il divise le temps en 3 parties et chacun des trois sons en prend un tiers :

Lorsqu'une *aplie* est placée en avant du premier *gorgon*, elle divise le temps en quatre parties : la première apostrophe prend deux quarts du temps et les deux autres signes chacun un quart :

Quand l'*aplie* est placée devant le second *gorgon*, le premier son vaut un quart, le deuxième deux quarts, et le troisième un quart :

Si l'*aplie* est placée derrière, alors les deux premiers sons valent chacun un quart et le troisième vaut deux quarts :

Quand une *diplie* est placée avant le premier *gorgon*, le temps est divisé en cinq parties : le premier son prend $\frac{3}{5}$ et chacun des deux autres $\frac{1}{5}$:

Si la *diplie* est placée avant le second *gorgon*, le premier son dépense $\frac{1}{5}$ du temps, le second $\frac{3}{5}$ et le troisième $\frac{1}{5}$:

Si la *diplie* est placée après le second *gorgon*, les deux premiers sons dépensent chacun $\frac{1}{5}$ et le troisième son dépense $\frac{3}{5}$:

Une division analogue du temps a lieu, lorsqu'il se trouve une *aplie* ou une *diplie* sur le *triple* ou le *quadruple gorgon*; dans ce cas on devra toujours tenir compte de la position occupée par l'*aplie* ou la *diplie* relativement au *gorgon triple* ou *quadruple*.

C'est ce qu'on verra dans le tableau suivant :

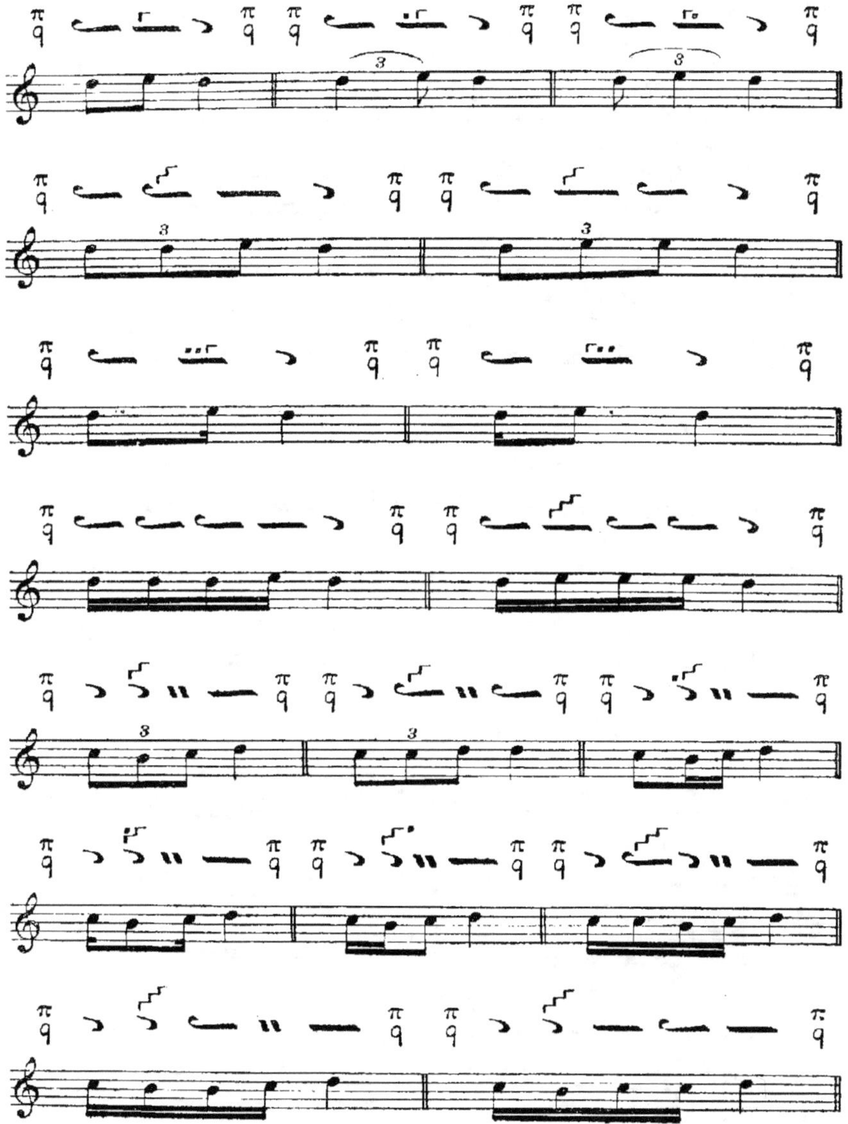

(1) Cette *martyrie* indique que la dernière note du groupe est un *si*.

L'*argon* vaut un temps. Il se superpose à l'*oligon* surmontant les
kentimata . Dans ce cas les *kentimata* avec l'*oligon* valent un
temps, et l'*argon* un autre temps. Le *gorgon*, on le voit, est là sous-
entendu, puisque les deux caractères, l'*oligon* et les *kentimata*, ne dépensent qu'un temps à eux deux.

Si l'*argon* est doublé de cette manière ⅃ , alors on compte trois
temps en tout : un temps pour les deux caractères pris ensemble et
deux temps pour le *double argon*.

Si l'on se sert du *triple argon* ⅃ , alors on compte en tout quatre
temps, et ainsi de suite.

Le *silence* s'exprime au moyen de deux signes ou *hypostases*, dont
l'un est ἄχρονον (qui n'exprime pas la mesure) et dont l'autre est
ἔγχρονον (qui exprime la mesure). Ces 2 signes sont la *baria* et l'*aplie*.
Combinés, ils forment le signe ℔ qui exprime un silence d'un
temps. Si on met une *diplie*, le silence est de deux temps, une *triplie*,
de trois temps, etc.

Dans le cas où il y a un *gorgon* au-dessus du silence, le temps se
divise en deux. Pendant la première partie du temps on prolonge le
son précédent, pendant la seconde partie du temps, il y a silence (1).

____

(1) Dans la traduction de cet exemple et des deux exemples qui suivent, nous avons représenté le *son précédent*, qui est sous-entendu dans la notation grecque : dans celle-ci il n'y a
qu'un temps d'exprimé, dans notre traduction il y en a deux.

Quand on veut réduire la durée du silence au quart du temps, on emploie le signe :

Le signe qui exprime le contraire est celui-ci :

Dans ce cas, le prolongement du son précédent ne dure qu'un quart de temps et les trois autres quarts sont remplis par le silence.

Toutes les règles données pour la division du temps s'appliquent à la division du silence.

La croix (σταυρός) signifie que le chanteur doit respirer entre deux sons (1).

DES HYPOSTASES QUI N'EXPRIMENT PAS LA MESURE

(σημεῖα ὑποστατικά ἄχρονα).

Ces *hypostases* expriment la manière dont il faut émettre les sons ; c'est ce qui les a fait aussi appeler *tropiques*. Elles sont au nombre de six :

La *baria* (βαρεῖα) . . . .

L'*omalon* (ὁμαλόν) . . . .

L'*antikénôma* (ἀντικένωμα) . . . .

Le *psiphiston* (ψηφιστόν) . . . .

L'*hétéron* ou *syndesmos* (ἕτερον ἤ σύνδεσμος) . .

L'*endophônon* (ἐνδόφωνον) . . . .

(1) Ce signe semble placé à tort par l'auteur parmi les *hypostases qui expriment la mesure*.

Ces *hypostases* ont pour but d'indiquer de quelle manière le son doit être émis.

Quand la *baria* est placée devant un caractère, la note qu'exprime ce caractère doit être émise avec une certaine lourdeur, de manière à trancher sur la note précédente et sur la note qui suit.

Ce signe se place devant tous les caractères excepté les *kentimata*.

Souvent on l'emploie pour la *construction* d'une ligne (2), comme dans l'exemple suivant :

L'*omalon*, placé sous un caractère, doit produire une fluctuation de la voix dans le larynx, quelle que soit l'acuité du son ; il s'écrit sous tous les caractères excepté les *kentimata*, la *pétaste* et l'*hyporrhoé*.

(1) Cette *martyrie* représentant un *sol*, la *pétaste*, qui est le premier caractère, représente un *la*.

(2) Nous avons prié un savant grec, M. Triantafillidis, de nous expliquer ce passage, dont le sens est une énigme, non pas seulement pour nous, mais pour les maîtres orientaux contemporains. M. Triantafillidis nous a répondu qu'on ne pouvait l'expliquer autrement que par des hypothèses. Voici celle qu'il propose et qu'il nous a formulée dans les termes suivants : « Le mode d'écriture qui a précédé le système actuel était encore assez sténographique. On employait quelques groupes de signes pour exprimer toute une série de sons constituant une cadence, une phrase, trait ou ligne. Peut-être la *baria* faisait-elle partie d'un de ces groupes : alors le passage cité serait la ligne même donnée en analyse, car l'effet de la *baria* s'y fait entendre deux fois. Cette hypothèse serait presque une vérité, si Chrysanthe, au lieu de dire « on l'emploie », avait dit « on l'employait ».

(3) Le *bémol* n'est pas exprimé ici, dans la notation byzantine, par un signe particulier dont l'évidence frappe les yeux comme dans l'écriture européenne. Il n'est indiqué au lecteur que par la connaissance que ce dernier doit avoir du *mode* dans lequel le passage est écrit et des intervalles que l'échelle de ce mode implique.

La *martyrie* placée au commencement de cet exemple représente un *fa*; l'*ison*, étant le premier caractère, doit donc produire un *fa*.

L'*antikénoma* placé sous l'*oligon* avec un caractère descendant placé
à la droite de l'*oligon* de cette manière  veut que la note exprimée par l'*oligon* soit lancée en quelque sorte.

Lorsque sous l'*antikénoma* lui-même se trouve une *aplie*, une *diplie*
ou une *triplie*, avec un caractère descendant placé à droite, alors le
son exprimé par l'*apostrophe* doit être enchaîné et lié avec le son précédent :

L'*antikénoma* se place sous tous les caractères, excepté les *kentimata*;
à la droite de tous, excepté de l'*hyporrhoé*.

Le *psiphiston* exige que l'on profère avec vigueur le son des caractères sous lesquels il est écrit; il se place sous l'*ison* et sous tous les
caractères *ascendants*, excepté les *kentimata*; il se met à gauche des
caractères *descendants*.

L'*hétéron* lie les caractères *ascendants* avec les caractères *descendants* et l'*ison* avec l'*ison* ou l'*apostrophe*, l'*élaphron* et la *chamile* avec l'*ison*.

Les notes qui sont liées au moyen de l'*hétéron* se chantent avec une certaine mollesse et avec une faible fluctuation de la voix.

L'*endophônon* indique que le son sous lequel il est placé doit être *chanté du nez*, et la bouche fermée; il produit cet effet, même lorsqu'il y a un signe de mesure affectant le caractère sous lequel il est placé.

L'émission *nasale* doit se produire pendant tout le temps que dure la note sous laquelle se trouve l'*endophônon*.

Sur les différences dans l'émission du son (ἐκδοχή) suivant les caractères dont on fait usage.

Il y a plusieurs manières d'émettre le son suivant les différents caractères qu'on emploie pour exprimer le ποσόν de la mélodie (les intervalles mélodiques).

Ainsi le son exprimé par l'*oligon* se profère autrement que celui qu'expriment les *kentimata*. En d'autres termes, la même note s'exécute d'une manière différente, suivant qu'elle est représentée par tel ou tel caractère.

L'*oligon* veut qu'on élève la voix κεχωρισμένως (en détachant le son).

Quand la mélodie présente une série ascendante de sons qui se suivent par degrés conjoints et dont chacun reçoit une syllabe du texte, on n'emploie que l'*oligon*.

Quand l'*oligon* est subordonné à l'*ison* et aux caractères *descendants*, l'émission du son doit être plus vive.

La *pétaste* demande que le chanteur profère le son un peu plus haut que ne le voudrait son acuité naturelle. Ce caractère conserve cette propriété, même quand il est subordonné à l'*ison* et aux caractères *descendants*. Quand il est seul, il se place avant un caractère *descendant* (c'est-à-dire à sa gauche), et avec le *klasma*, avant la plupart des caractères.

Les *kentimata* demandent que la voix ne détache pas le son, mais l'unisse par une émission continue au son qui précède et au son qui suit. Même quand ils se trouvent placés au-dessus ou au-dessous de l'*oligon*, ils ne reçoivent jamais de syllabe.

Quand, dans une combinaison de caractères où entrent les *kentimata*, se trouve un *gorgon*, il est entendu qu'il affecte les *kentimata*.

Ainsi, au frappé du temps, on émet d'abord le son exprimé par l'*oligon*; puis, au levé, celui exprimé par les *kentimata* :

Si, au contraire, il y a un *argon*, les *kentimata* prennent à la valeur de la note précédente la moitié d'un temps. On les émet au levé de la main et on profère ensuite l'*oligon* au frappé, en lui attribuant une valeur de deux temps :

La même règle s'applique si, au lieu d'un *argon*, se trouve un *double* ou un *triple argon*.

Il faut ajouter que les *kentimata* ne se placent jamais au commencement d'un morceau, ni après la *pétaste*, mais au milieu des autres caractères comme *esprit*, suivant la juste dénomination que leur donnent les anciens musiciens.

C'est ce que montre le passage suivant, extrait du *Gloria Patri* du *premier mode plagal*.

Les *kentimata* ne peuvent se mettre à la place de l'*oligon*; mais l'*oligon* peut remplacer les *kentimata* toutes les fois qu'il pourrait naître une confusion dans l'écriture. Ex. : 

Dans ce cas, comme les *kentimata* peuvent se confondre avec le *kentima*, il est préférable d'écrire le passage de cette manière :

On applique cet usage dans tous les cas analogues. Il faut pourtant excepter quelques chants *étrangers*, où certains passages, affectés du *triple gorgon*, peuvent s'écrire ainsi :

Cela se rencontre assez rarement.

L'*apostrophe*, l'*élaphron*, la *chamile* demandent que la voix accentue et fasse ressortir chaque son ; les sons exprimés par ces caractères reçoivent des syllabes. Cependant, lorsque l'*apostrophe* est subordonnée à l'*éluphron* de cette façon, et nous savons qu'alors elle en modifie la quantité et substitue au saut de tierce une suite continue de deux notes (descendant par degrés conjoints) :

dans ce cas, la première de ces deux notes est considérée comme ayant un *gorgon*, et ne reçoit jamais de syllabe. Quant à la seconde note, elle est apte à recevoir une syllabe, et s'émet au frappé du temps.

L'*hyporrhoé* demande que la voix émette, en une seule respiration, deux sons descendant par degrés conjoints. S'il y a un *gorgon* ou un *double gorgon*, ce signe doit porter sur le premier son de l'*hyporrhoé*, et le second son doit être émis au frappé du temps.

Ni le premier son, ni le second, ne reçoivent de syllabes significatives.

Du temps et de la manière de conduire le temps.

On appelle *temps musical* l'espace de temps que l'on emploie pour un *frappé* et un *levé* de la main. Aussi chaque frappé de la main est-il pour la musique vocale et instrumentale la cause qui détermine la valeur du temps.

La durée qui s'écoule à chaque frappé et levé s'appelle χρόνος.

Les musiciens praticiens exécutent le frappé en battant leur genou avec la main droite et le levé en le battant avec la main gauche. Pour exercer les commençants au rhythme, on leur fait prononcer le mot *doum* au frappé et le mot *tec* au levé.

Dans notre système les divisions du temps se ramènent à quatre mouvements : deux mouvements lents et deux rapides.

Les deux mouvements lents sont représentés ainsi : χ͞   χ͞

Les deux mouvements rapides sont représentés ainsi : χ́ χ́

Pour faire comprendre plus clairement les divisions de la mesure, nous donnerons les tableaux suivants. Au commencement de chaque exemple se place l'indication du mouvement.

Mouvement lent.

Pour tout cela, on bat trois temps. Dans l'exemple qui suit, on battra six temps :

Mouvement modéré.

Pour l'exemple suivant, on battra 12 temps :

Mouvement vif.

(1) Nous exprimons ici chaque *temps* par une mesure à 2 8; le temps fort et le temps faible de cette mesure correspondent au double mouvement de frappé (θέσις) et de levé (ἄρσις), dont se compose le *temps musical* des Orientaux.

Pour l'exemple suivant, on bat 24 temps.

Mouvement très-vif.

D'après cela, l'on voit que, dans notre mesure la plus lente, le temps se divise en $\frac{8}{8}$.

Dans cette mesure, pour *huit* notes, on battra *une fois*; dans la mesure moyenne, *deux fois*; dans la rapide, *quatre fois*; et dans la plus rapide, *huit fois*.

Donc, au moyen de ces quatre manières de diviser le temps, nous pouvons écrire tous les rhythmes des étrangers, aidés en cela par le *gorgon simple, double* ou *triple*.

Ces procédés d'écriture ont été habilement déterminés par nos professeurs qui nous ont débarrassés des divisions du temps usitées chez les Européens et des *rhythmes* ou ὀυσούλαζ des Ottomans.

SECONDE PARTIE (1).

DES SYSTÈMES.

Ici commence le développement de notre théorie à un point de vue plus scientifique et plus propre à faire connaître la nature de notre musique.

(1) Nous avouons toujours n'avoir pas parfaitement compris la seconde partie de cette théorie, dont un œil plus clairvoyant que le nôtre percera peut-être le brouillard. En en soumettant au lecteur la traduction littérale, nous devons le prévenir que nous ignorons si cette

Le talent musical consiste dans l'art de diriger la voix suivant un mouvement ascendant ou descendant. Les musiciens anciens et modernes ont distingué quatre manières différentes au moyen desquelles la voix peut descendre ou monter et leur ont donné le nom de *systèmes*. Ces quatre systèmes sont :

Le système de l'*octave*, — le système de la *roue* (τροχὸς) — le système de la *triphonie*, — et le système de la *diphonie*.

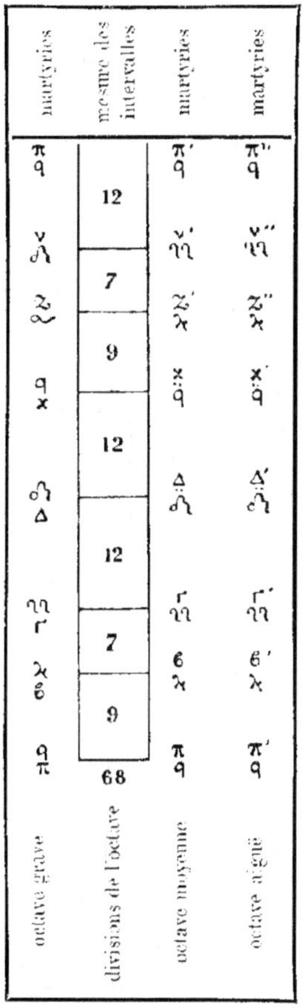

Du système de l'octave.

Le système de l'*octave* consiste dans une *heptaphonie* composée de huit sons et de sept intervalles, dont la grandeur varie suivant le *genre*. Quand on a parcouru une *heptaphonie*, on en recommence une autre, avec les mêmes intervalles et les mêmes sons, soit vers l'aigu, soit vers le grave, comme on le voit dans le tableau ci-joint :

Si la base est le son πα (*ré*), nous commençons par la série du milieu en partant de la martyrie $\frac{\pi}{q}$. En marchant vers l'aigu, nous arrivons jusqu'à la note située à l'octave de la note initiale et représentée par $\frac{\pi'}{q}$. Là finit la première *heptaphonie*. Par le même *ison*, nous commençons la seconde série en partant de $\frac{\pi'}{q}$, et nous arrivons en haut jus-

GENRE DIATONIQUE,

système de l'*octave*.

martyries (octave grave)	mesure des intervalles (divisions de l'octave)	martyries (octave moyenne)	martyries (octave aiguë)
π/q		π'/q	π''/q
	12		
ν/δ		ν'/δ	ν''/δ
	7		
ζ/ξ		ζ'/ξ	ζ''/ξ
	9		
q/χ		q/χ	q·/χ
	12		
δ/Δ		δ/Δ	δ'/Δ
	12		
γγ/Γ		γ'γ	γ'γ
	7		
χ/θ		6/χ	6'/χ
	9		
q/π		π/q	π'/q
	68		

théorie est applicable. Ce dont nous sommes certain, c'est que, bien qu'elle soit entre les mains de la plupart des musiciens orientaux, elle est loin d'être scrupuleusement appliquée, et qu'on y fait dans la pratique de continuelles infractions.

La doctrine de M. Aphtonidis que nous avons reproduite dans notre chapitre sur les *modes*, outre qu'elle est incomparablement plus claire, a le mérite d'être beaucoup plus conforme à la vérité pratique.

qu'à $\frac{\pi''}{q}$, (où finit la seconde octave), en passant par les mêmes intervalles et par les mêmes sons.

Si maintenant nous voulons partir du même point $\frac{\pi}{q}$, pour descendre vers le grave, nous prenons le même *ison* $\frac{\pi}{q}$, et, parcourant la série de gauche à partir de $\frac{\pi}{q}$, nous arrivons jusqu'à l'octave grave, qui est représentée par la martyrie $\frac{q}{\pi}$. Il va sans dire que nous passons toujours par les mêmes intervalles (1).

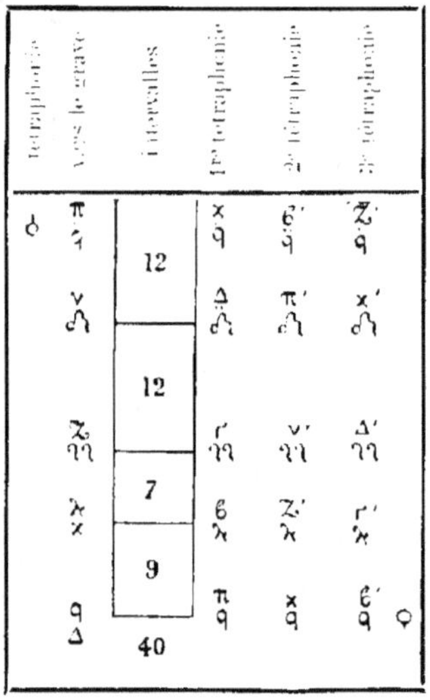

Toutes les mélodies écrites dans ce *système* sont appelées mélodies *diatoniques*.

Système de la Roue.

Le système de la *roue*, du genre *diatonique*, consiste dans une *tétraphonie* de cinq sons, qui présente une série de quatre intervalles invariables.

Lorsqu'une tétraphonie commence sur πα (*ré*), on va en montant jusqu'à la dernière note κε (*la*); là, par une mutation appelée φθορά, la dernière note de la première tétraphonie κε (*la*) se change en la première note de la tétraphonie suivante qui s'ente ainsi sur la première, et l'on recommence, dans un second parcours, à franchir la même série d'intervalles. C'est la répétition de la même échelle, avec un nouveau point de départ.

Admettons que la base de la première tétraphonie soit le son πα (*ré*). Nous partons de la martyrie $\frac{\pi}{q}$ et nous cheminons en montant jusqu'à κε (*la*). Par le moyen de la *phthora* de πα (*ré*) q, nous changeons $\frac{x}{q}$ en $\frac{x}{q}$.

GENRE DIATONIQUE,
système de la *roue*.

tétraphonie	vers le grave	intervalles	1re tétraphonie	2e tétraphonie	3e tétraphonie
δ	$\frac{\pi}{\gamma}$		$\frac{x}{q}$	$\frac{\varepsilon'}{q}$	$\frac{\zeta'}{q}$
		12			
	$\frac{\gamma}{\delta}$		$\frac{\Delta}{\delta}$	$\frac{\pi'}{\delta}$	$\frac{x'}{\delta}$
		12			
	$\frac{\zeta}{\eta\eta}$		$\frac{\gamma'}{\eta\eta}$	$\frac{v'}{\eta\eta}$	$\frac{\Delta'}{\eta\eta}$
		7			
	$\frac{\lambda}{x}$		$\frac{\varepsilon}{\lambda}$	$\frac{\zeta'}{\lambda}$	$\frac{\gamma'}{\lambda}$
		9			
	$\frac{q}{\Delta}$		$\frac{\pi}{q}$	$\frac{x}{q}$	$\frac{\varepsilon'}{q}$
		40			

(1) Pour la traduction en notation européenne de ce tableau, voir la figure qui représente la suite des *martyries du genre diatonique du système de l'octave*, p. 118. Il suffit de compléter la troisième octave de l'échelle qui traduit les intervalles exprimés par ces martyries, pour avoir la représentation exacte de l'échelle de trois octaves représentée par le tableau du *système de l'octave* (genre *diatonique*).

Prenant κε *(la)*, c'est-à-dire $\overset{\times}{q}$ comme base d'une nouvelle tétraphonie, nous arrivons jusqu'au son βου *(mi)* en passant par la même série
d'intervalles. Nous trouvons la note βου changée en $\overset{6'}{\ddot{q}}$ et nous la changeons à notre tour en $\overset{6'}{q}$ par le moyen de la *phthora* de πα *(ré)*. Nous par-
courons ensuite une troisième tétraphonie jusqu'à la note ζω *(si)*
transformée en $\overset{z'}{\ddot{q}}$.

Si nous voulons descendre, nous suivons un procédé analogue.
De ζω *(si)* représenté par $\overset{z'}{\ddot{q}}$, nous arrivons jusqu'à $\overset{6'}{q}$ que nous changeons en $\overset{6'}{\ddot{q}}$. De là, nous redescendons sur $\overset{\times}{q}$ que nous changeons en $\overset{\times}{\ddot{q}}$
et de $\overset{\times}{\ddot{q}}$ nous allons sur πα *(ré)* (base de la première tétraphonie) en pas-
sant toujours par les mêmes intervalles. Si nous voulons descendre
vers le grave, à partir de $\overset{\pi}{q}$, nous descendons la série de gauche, et,
changeant $\overset{\pi}{q}$ en $\overset{\pi}{\ddot{q}}$ au moyen de la phthora δ , nous descendons jusqu'à
la note la plus basse δι *(sol)* transformée en $\underset{\Delta}{q}$.

Tel est le système de la *roue* (1).

Système de la Triphonie.

Le système de la *triphonie* consiste dans une *triphonie* de quatre sons,
procédant vers l'aigu et vers le grave par les mêmes intervalles,
comme on le voit dans les tableaux ci-joints. Il y a trois *triphonies*
dans le genre *diatonique*; l'une a pour base κε *(la)*, l'autre ζω *(si)*, la troisième νη *(ut)*.

(1) Voici la traduction en notation européenne de l'échelle de quintes semblables entre elles
et juxtaposées, dans le présent système :

1re TRIPHONIE, basée sur κε (la).

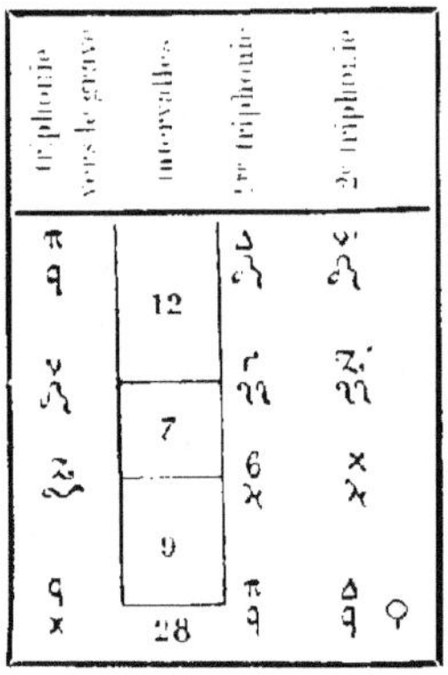
triphonie vers le grave
intervalles
1re triphonie
2e triphonie
12
7
9
28

2e TRIPHONIE, basée sur ζω (si).

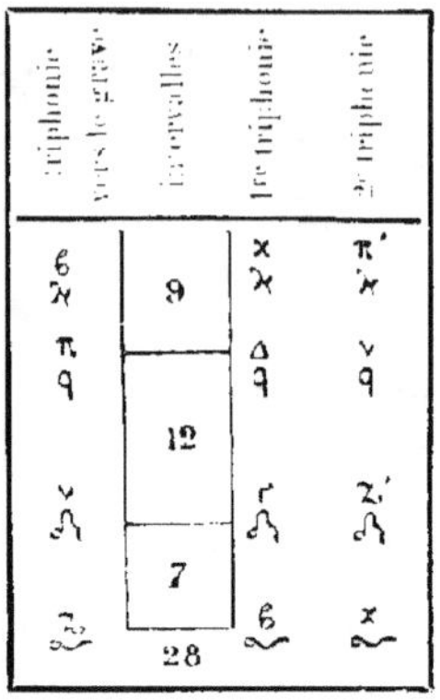
triphonie vers le grave
intervalles
1re triphonie
2e triphonie
9
12
7
28

3e TRIPHONIE, basée sur νη (ut) (1).

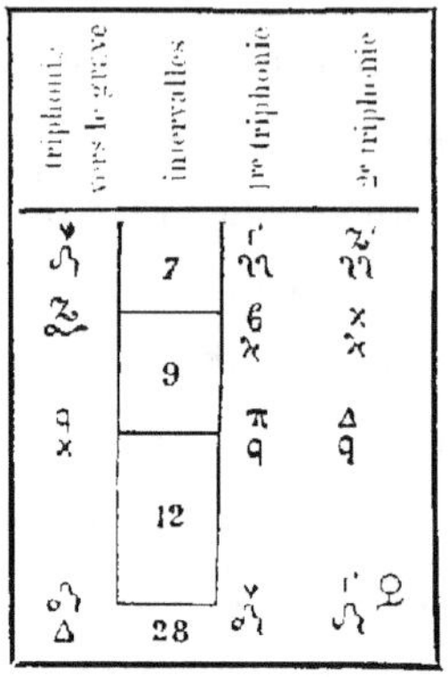
triphonie vers le grave
intervalles
1re triphonie
2e triphonie
7
9
12
28

TRADUCTION.

PREMIÈRE TRIPHONIE.

Enchaînement de *quartes de 3e espèce* (ayant le *demi-ton* au milieu).

DEUXIÈME TRIPHONIE.

Enchaînement de *quartes de 1re espèce* (ayant le *demi-ton* à la base).

(2)

TROISIÈME TRIPHONIE.

Enchaînement de *quarte de 2e espèce* (ayant le *demi-ton* au sommet).

Le système de la *diphonie* consiste dans une *diphonie* de trois sons, composée d'un *ton mineur* et d'un *ton majeur*, comme on le verra dans l'échelle diphonique du genre *semi-chromatique*.

(1) En réalité cette triphonie est basée sur *sol*.

(2) En ajoutant une note au grave, le *la*, on obtiendrait l'échelle connue dans l'antiquité sous le nom de *petit système parfait* ou *conjoint*. — Voir nos *Mél. pop. de Grèce et d'Orient*. (Introduction et page 12 du recueil.)

Le genre *semi-chromatique* est le seul qui procède suivant le système de la diphonie.

Au contraire, les autres systèmes sont applicables à tous les genres.

Pour vider la querelle engendrée par le système de la diphonie à propos des divisions 7 et 9, nous avons cru logique de représenter ces divisions par les nombres 8 et 12. Grâce à cette innovation, la tétraphonie (la quinte) est aussi représentée, dans ce genre, par 40 divisions, et la triphonie (la quarte) par 28 divisions, comme la science l'exige (1).

Des genres et des intervalles.

Les musiciens savants nous ont transmis trois genres : le *diatonique,* le *chromatique* et l'*enharmonique.*

Ces différents genres dépendent de l'exacte détermination des intervalles dont se composent leurs échelles respectives.

On appelle *intervalle* la distance qui sépare un son d'un autre son.

Les intervalles du genre *diatonique* ont été fixés ainsi par les théoriciens :

De πα (*ré*) à βου (*mi*) l'intervalle est d'un *ton mineur* représenté par 9 divisions.

De βου (*mi*) à γα (*fa*) il y a un *ton minime* représenté par 7 divisions.

De γα (*fa*) à δι (*sol*) il y a un *ton majeur* représenté par 12 div.

De δι (*sol*) à κε (*la*) il y a un *ton majeur* représenté par 12 div.

De κε (*la*) à ζω (*si*) il y a un *ton mineur* représenté par 9 div.

De ζω (*si*) à νη (*ut*) il y a un *ton minime* représenté par 7 div.

De νη (*ut*) à πα (*ré*) il y a un *ton majeur* représenté par 12 div.

C'est ce qu'on voit clairement exprimé par le tableau que nous avons donné du *système de l'octave* (genre *diatonique*).

(1) Conformément au principe qui assigne une grandeur invariable aux intervalles de quinte et de quarte, quel que soit le système qui préside à la division de l'octave.

Ainsi donc, toutes les mélodies construites avec ces intervalles sont appelées *diatoniques*, quel que soit le système suivant lequel elles procèdent, système de l'*octave*, de la *roue*, ou de la *triphonie*.

Chaque genre a ses *martyries* (μαρτυρίαι) et ses *phthoras* (φθοραί) particulières ; nous leur consacrerons un chapitre spécial.

Au genre *diatonique* s'appliquent tous les systèmes, excepté celui de la *diphonie*.

Le genre *chromatique* est celui dont l'échelle comprend des *demi-tons* et des *quarts de ton majeurs*, et aussi des *tons* plus grands que le *ton majeur*, composés d'un *ton majeur* et d'un *demi-ton majeur*. Ce *ton majeur et demi* est représenté par 18 divisions.

L'échelle du genre *chromatique* diffère de celle des genres *diatonique* et *enharmonique*.

On appelle en musique χρόα (couleur) ce qui a le pouvoir de colorer le tissu mélodique propre à l'échelle *diatonique* et à l'*enharmonique*, de manière à produire un *effet moral* différent.

Le genre *chromatique* se subdivise en *semi-chromatique* et en *chromatique*.

C'est au genre *semi-chromatique* qu'appartiennent les mélodies du *second mode*.

Nous avons vu plus haut que le genre *semi-chromatique* procède suivant un système particulier : celui de la *diphonie*. On pourrait donner pour base à l'échelle diphonique n'importe quelle diphonie. La base la plus ordinaire est le son δι (*sol*). C'est quelquefois aussi le son ζω (*mi*) et plus rarement le son νη (*ut*).

L'intervalle de δι (*sol*) à κε (*la*) est représenté par 8 divisions, celui de κε (*la*) à ζω (*si*) par 12, de ζω (*si*) à νη (*ut*) par 8, de νη (*ut*) à πα (*ré*) par 12, de manière que chaque diphonie se compose d'un *ton minime* de 8 divisions et d'un *ton majeur* de 12 divisions.

Bien que ce genre procède plus volontiers suivant le système de la *diphonie*, on peut pourtant lui appliquer tous les autres systèmes.

Le genre *chromatique* (celui auquel appartiennent les mélodies du *second mode plagal*) procède suivant le système de la *roue*, et parcourt les intervalles suivants, en prenant pour base le son πα (*ré*).

On a fixé l'intervalle de πα (*ré*) à βου (*mi*) à un *ton minime*, représenté par 7 divisions, l'intervalle de βου (*mi*) à γα (*fa*) à un *ton majeur et demi* représenté par 18 divisions, celui de γα (*fa*) à δι (*sol*) à un *quart de ton majeur* représenté par 3 divisions, l'intervalle de δι (*sol*) à κε (*la*) à un *ton majeur* représenté par 12 divisions.

Par ces mêmes intervalles, le genre *chromatique* continue son parcours à l'aigu, en changeant le son κε (*la*) en πα (*ré*). Il fournit ainsi une seconde tétraphonie, et, s'il le faut, une troisième, comme on le voit ci-contre d'après le tableau du genre *chromatique* marchant d'après le système de la *roue* :

[Dans la pratique, cette tétraphonie se chante avec les intervalles suivants : de *ré* à *mi*, un *demi-ton*, — de *mi* à *fa*, un *ton et demi*, — de *fa* à *sol*, un *demi-ton*, — de *sol* à *la*, un *ton*. D'où résulte cette succession (2) :

---

(1) Cette traduction approximative de l'échelle byzantine présente une succession assez difficile à concevoir pour une oreille européenne.

(2) Voir nos *Mélodies populaires de Grèce et d'Orient* (introduction, p. 20).

Le genre *enharmonique* comprend dans son échelle des intervalles d'un *quart de ton majeur.*

Ce genre procède suivant tous les systèmes, excepté celui de la *diphonie.*

Chaque genre a son système naturel: ainsi le genre *diatonique* emploie de préférence le système de l'*octave.* Mais, au moyen des *phthoras,* il peut s'accommoder au système de la *roue,* au système de la *triphonie,* c'est-à-dire à tous les systèmes, excepté celui de la *diphonie.*

Le genre *semi-chromatique* a pour système naturel celui de la *diphonie;* mais, par le moyen de ses *phthoras,* on peut aussi lui appliquer les systèmes de l'*octave,* de la *roue,* et même de la *triphonie.*

De même le genre *chromatique* a pour système naturel celui de la *roue;* mais lui aussi peut, grâce à ses *phthoras,* obéir à tous les systèmes, excepté celui de la *diphonie.*

De même le genre *enharmonique* a pour système naturel celui de la *triphonie;* mais lui aussi, grâce à ses *phthoras,* peut obéir à tous les systèmes, excepté celui de la *diphonie.*

Chaque *heptaphonie* se compose de sept intervalles. Toute heptaphonie comprend une *tétraphonie* (une quinte) et une *triphonie* (une quarte). La *tétraphonie* se compose de quatre intervalles, et la *triphonie* de trois intervalles.

Si nous représentons l'*heptaphonie* par une longueur divisée en 68 divisions égales, la *tétraphonie* comprendra 40 de ces divisions et la *triphonie* 28.

Dans les différents genres ou systèmes, on place quelquefois une *tétraphonie* avant une *triphonie,* ou une *triphonie* avant une *tétraphonie.*

Tous les sons de l'octave diatonique peuvent servir de base à une gamme commençant soit par une *triphonie,* soit par une *tétraphonie.*

Il faut en excepter :

1° Les deux notes ζω (*si*) et βου (*mi*), qui ne peuvent servir de base qu'à une gamme parcourant d'abord une *triphonie* en montant, ou une *tétraphonie* en descendant (1).

(1) La note *si* ne peut servir de base à une gamme commençant par une tétraphonie, car

2° La note γα (*fa*), qui ne peut servir de base qu'à une gamme parcourant d'abord une *tétraphonie* en montant (1).

Tableau des gammes diatoniques admises par la Théorie byzantine:

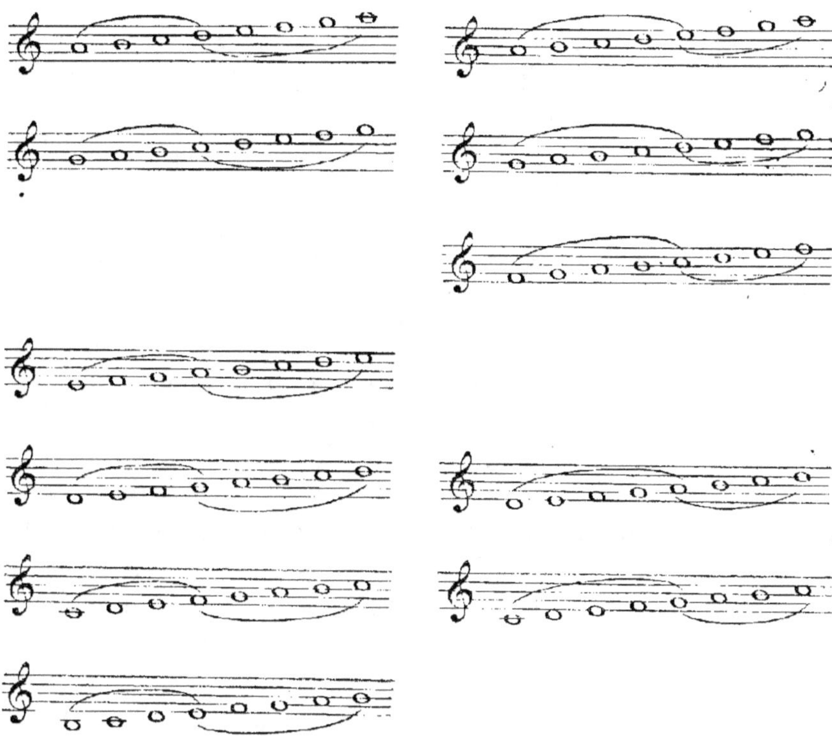

Si l'on veut parcourir *semi-chromatiquement* ou *chromatiquement* les échelles du système de l'octave, on placera la *triphonie* d'abord et la

<hr>

si-fa n'est pas une *quinte juste*. *Mi-si*, au contraire, est une *quinte juste*. Nous ne voyons donc pas la raison qui peut empêcher *mi* de servir de base à une gamme commençant par une tétraphonie.

(1) En effet, *fa-si* n'est pas une *quarte juste*. — Si l'on compare le présent tableau à celui que nous avons donné dans l'introduction de notre recueil de *Mél. pop.*, on verra que la théorie byzantine admet *onze* gammes diatoniques sur *douze*.

tétraphonie ensuite. Ainsi, partant du son Δι (sol) du genre *semi-chromatique*, l'on parcourt d'abord une *triphonie* jusqu'à νη (ut) : Δ κ ζ' ν'. Puis, changeant ν en ν' au moyen de la *phthora* du genre *semi-chromatique*, on parcourt ensuite la *tétraphonie* de cette façon :

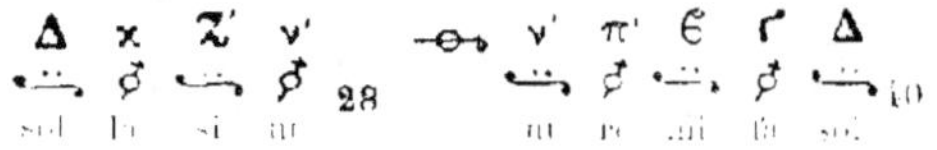

Δ κ ζ' ν' ⟶ ν' π' ϵ ϝ Δ
sol la si ut 28   ut ré mi fa sol 40

Dans le genre *chromatique*, si l'on prend pour base le son πα (*ré*), on commence par une *triphonie* :

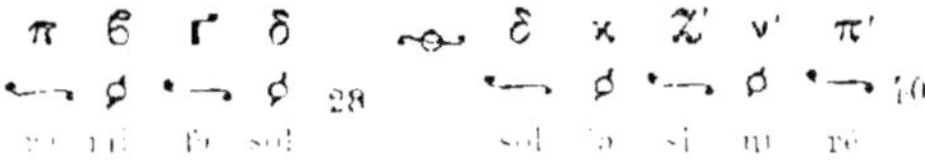

π ϵ ϝ δ ⟶ δ κ ζ' ν' π'
ré mi fa sol 28   sol la si ut ré 40

Si l'on prend pour base le son νη (ut), on parcourt d'abord une *tétraphonie*, puis ensuite une *triphonie* après avoir changé Δ en Δ :

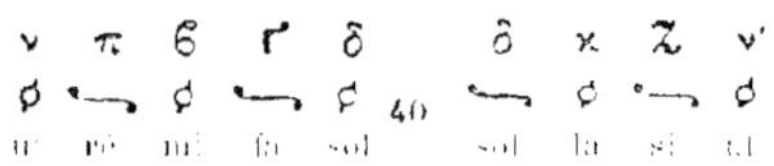

ν π ϵ ϝ δ δ κ ζ ν'
ut ré mi fa sol 40   sol la si ut

C'est ce qui apparaîtra plus clairement, si l'on examine les échelles semi-chromatique et chromatique du système de l'octave.

Quand on veut parcourir *enharmoniquement* le système de l'octave, on commence indifféremment par la *triphonie* ou la *tétraphonie*.

ζω νη πα ϵου ϝϝ 40   γα δι κε ζω 28
si do ré mi fa   fa sol la si

Tétraphonie.   Triphonie.

ζω νη πα ϵου 28   ϵου γα δι κε ζω 40
si do ré mi   mi fa sol la si

Triphonie.   Tétraphonie.

Remarquons que, dans le genre *diatonique*, l'octave se compose de *deux tons mineurs*, de *deux tons minimes* et de *trois tons majeurs*.

Dans le genre *semi-chromatique* elle se compose de *tons minimes* et de *tons majeurs*, placés alternativement ;

Dans le genre *chromatique*, de *deux tons minimes*, de *deux tons majeurs et demi*, de *deux quarts de ton* et d'*un ton majeur* ;

Dans le genre *enharmonique*, de *tons majeurs* et de *tiers de ton* :

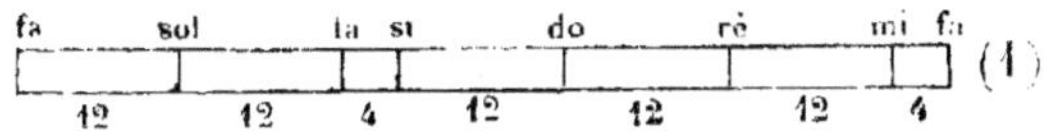

(1)

Des martyries.

Les *martyries*, en musique, jouent le rôle de *clefs* auprès des caractères qui servent à écrire la mélodie. A chaque caractère correspond bien un son ; mais quel son représente isolément chaque caractère, voilà ce qui n'est pas manifesté par l'écriture.

C'est pourquoi l'on emploie les *martyries,* afin que le point de départ des sons qui composent cette mélodie soit fixé.

On place les *martyries* au commencement de toute mélodie, souvent dans le cours de cette mélodie, et quelquefois à la fin.

On écrit la martyrie au commencement de la mélodie, afin que le son qu'elle manifeste serve à déterminer les sons exprimés par les caractères qui viennent après.

Par exemple, au commencement d'une leçon de solfége, on écrit la martyrie $\frac{\pi}{q}$: cela veut dire que le son πα (*ré*) sert de note initiale à la leçon. Donc l'*ison* doit sonner πα (*ré*), l'*apostrophe* να (*do*), l'*apostrophe* suivante ζω (*si*), et ainsi de suite.

Dans le cours de la mélodie, la martyrie s'écrit pour procurer des points de repère qui assurent la marche du chant ; elle joue le même rôle à la fin d'un morceau.

(1) Les théories diffèrent sur la composition de l'échelle du genre enharmonique. Dans la pratique, cette échelle se chante exactement comme la gamme majeure européenne ; elle n'a rien d'enharmonique, que le nom. — Tout ce qui, dans la musique byzantine, concerne les genres *enharmonique* et *semi-chromatique* nous paraît le comble de l'obscurité.

Il faut savoir, en outre, que les signes inférieurs des *martyries* indiquent la nature des intervalles qui composent l'échelle mélodique, et que les signes supérieurs expriment le nom des notes.

Voici quels sont les signes des *martyries* du genre diatonique du système de l'octave, en commençant par Ζω (*si*) :

Ces signes expriment les intervalles dont se compose l'échelle mélodique.

Les consonnes des syllabes qui désignent les sons et qu'on écrit soit au-dessus, soit au-dessous, indiquent quel est le son qui sert de point de départ à la mélodie.

Ces martyries se comportent de la même manière en montant jusqu'à Ζω (*si*).

Si l'on descend vers le grave, on les écrit à rebours, en plaçant les signes au-dessus des lettres, au lieu de les placer au-dessous. Ainsi le son qui suit Ζω *si*) en allant vers le grave, c'est-à-dire le son ζε (*la*), au lieu d'être exprimé par le signe ϙ, est exprimé par le signe ϙ, pour qu'on ne le confonde pas avec le ζε (*la*) placé à l'octave supérieure ϙ, ni avec le ζε (*la*) placé deux octaves plus haut ϙ.

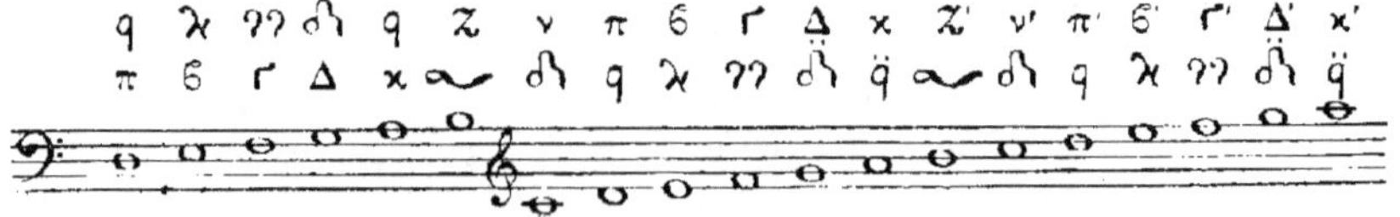

Ces signes sont aussi employés dans le système de la *roue* du genre *diatonique*, pour représenter les martyries; seulement, à chaque tétraphonie, on répète les mêmes signes de cette façon :

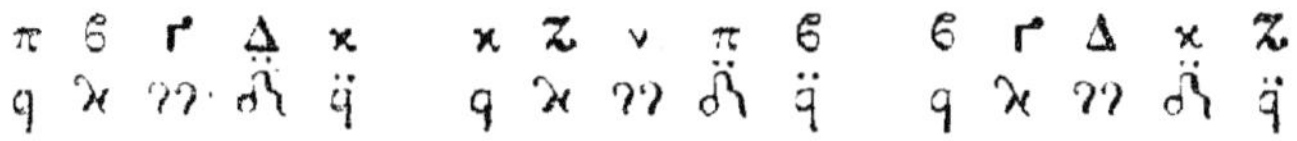

$$\pi \quad 6 \quad \Gamma \quad \Delta \quad \chi \qquad \chi \quad Z \quad \vee \quad \pi \quad 6 \qquad 6 \quad \Gamma \quad \Delta \quad \chi \quad Z$$
$$q \quad \chi \quad ?? \quad \delta \quad \ddot{q} \qquad q \quad \chi \quad ?? \quad \delta \quad \ddot{q} \qquad q \quad \chi \quad ?? \quad \delta \quad \ddot{q}$$

On le voit, la répétition dans les signes est amenée par la répétition des mêmes intervalles dans chaque tétraphonie.

En commençant par πα (*ré*), lorsqu'on arrive à la note κε (*la*) (qui dans le système de l'octave s'écrit $\frac{\chi}{\ddot{q}}$), on la transforme, dans le système de la roue, en πα (*ré*); en conséquence, on doit lui donner la martyrie de πα (*ré*); c'est-à-dire qu'au lieu d'écrire κε (*la*) ainsi : $\frac{\chi}{\ddot{q}}$, on l'écrira de cette manière, en enlevant les deux petits points : $\frac{\chi}{q}$. La martyrie de πα (*ré*) sous le son κε (*la*), indique que le son κε (*la*) a été changé en πα (*ré*), note fondamentale de la tétraphonie.

Si l'on parcourt à l'aigu une autre tétraphonie, on arrive au son βου (*mi*), représenté ainsi : $\frac{6}{q}$ par la martyrie de κε (*la*). Dans le système de l'octave, on se souvient qu'il n'en est pas de même, la note βου (*mi*) de l'octave supérieure devant s'écrire ainsi : $\frac{6'}{\chi}$, avec sa propre *martyrie*.

Il suit de là que, en parcourant une suite de tétraphonies du grave à l'aigu, on change le son κε (*la*) en πα (*ré*) autant de fois qu'on le rencontre. Si l'on parcourt de l'aigu au grave plusieurs tétraphonies, on doit changer πα (*ré*) en κε (*la*) autant de fois qu'on le rencontre; et l'on se sert, pour chaque tétraphonie, des mêmes signes de martyrie, depuis πα (*ré*) transformé en κε (*la*) jusqu'à δι (*sol*) transformé en

πα (*ré*) : $\frac{\pi}{q} \quad \frac{\vee}{\delta} \quad \frac{Z}{??} \quad \frac{\chi}{\chi} \quad \frac{\Delta}{q}$

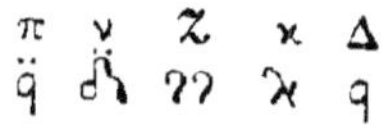

C'est ce qu'on voit clairement dans le tableau qui représente le système de la *roue*.

Il existe des martyries spéciales pour le genre *semi-chromatique* et pour le genre *chromatique*. Pour le genre *semi-chromatique*, on emploie ces deux signes : ⌣, ♂, qui se placent ainsi alternativement sur les notes de l'échelle :

Δ χ ζ̄ ʼ π en montant, Δ Γ δ̄ π ʸ en descendant.

Au-delà de ζω *si*, en descendant, on doit écrire la martyrie au-dessus et la lettre initiale au-dessous.

Les martyries du genre *chromatique* sont aussi au nombre de deux : ♂ ⌣

La première se met sur le son πα (*ré*) et alterne avec l'autre de deux en deux notes : π Ε Γ Δ χ ζ ʸ π

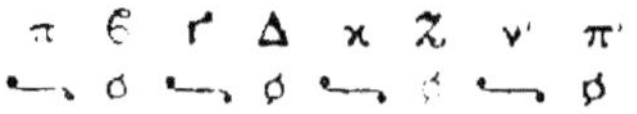

Au-delà de ζω (*si*), en descendant, ces martyries doivent aussi s'écrire au rebours, comme dans le genre *semi-chromatique*.

Le genre *enharmonique*, n'ayant pas de martyries particulières, emploie les mêmes signes que le genre *diatonique*. Il procède tantôt suivant la *triphonie*, tantôt suivant la *tétraphonie*, selon que la mélodie l'exige.

Ses martyries sont également soumises à l'écriture à rebours, à partir de ζω (*si*), en descendant.

Des phthoras.

Les musiciens savants ont compris que l'impression trop prolongée d'une mélodie devait engendrer la monotonie et la satiété, et, avec elles, l'ennui pour l'auditeur. Aussi inventèrent-ils les *phthoras*, afin de pouvoir, dans le même morceau, passer d'un genre à un autre et d'un système à un autre.

Chaque *phthora* représente un son spécial et déterminé dans chaque genre. De plus, elle a le pouvoir de transformer le son du caractère sur lequel elle est placée en son propre son. Excepté dans le cas où les deux sons représentés par le caractère et par la phthora seraient identiques, la phthora, en substituant sa propre valeur à celle du caractère sur lequel elle est placée, interrompt et change le cours de la mélodie.

Lorsqu'on veut revenir à la première échelle mélodique qu'on avait quittée, on met une autre *phthora :* celle de la mélodie précédente ; cela s'appelle *résolution de la phthora.* Il y a en tout 18 phthoras, qu'on divise en 3 genres : celles du genre *diatonique,* — celles du genre *chromatique,* — celles du genre *enharmonique.*

Le genre *diatonique* a huit *phthoras.*

$$\begin{array}{cccccccc} \text{ϗ} & \text{φ} & \text{ξ} & \text{φ} & \text{η} & \text{δ} & \text{ξ} & \text{ϗ} \\ νη & πα & 6ου & γα & δι & κε & ζω & νη \\ \text{do} & \text{re} & \text{mi} & \text{fa} & \text{sol} & \text{la} & \text{si} & \text{do} \end{array}$$

Le genre *semi-chromatique* en a deux : -⊖→ ♂ .

Le genre *chromatique* en a également deux : -⊖→ ♂ .

Comme il a été dit, les phthoras des genres *semi-chromatique* et *chromatique* se placent sur chaque *diphonie* de deux notes en deux notes...

Voici quelle est leur position la plus générale. Dans le genre *semi-chromatique,* la phthora -⊖→ se place sur νη (*ut*), 6ου (*mi*), δι (*sol*), ζω (*si*) ; et la phthora ♂ sur πα (*ré*), γα (*fa*), κε (*la*) et νη (*ut*), de l'octave supérieure.

En descendant les notes changent de phthora.

Ainsi ζω (*si*) *au-dessous* de νη (*ut*) a pour phthora ♂ , et *au-dessus* -⊖→.

Dans le genre *chromatique,* la phthora -⊖→ se place sur πα (*ré*) et sur κε (*la*), et dans chaque *diphonie.*

L'autre phthora ♂ se place sur δι (*sol*) et sur πα (*ré*) de l'octave supérieure, et dans chaque *diphonie.*

La même observation que nous avons faite pour le genre *semi-chro-matique*, s'applique au genre *chromatique* en ce qui concerne l'octave descendante.

Les anciens musiciens appelaient ces phthoras ᷒, ᷒ ιέαιεϲ et celles-ci ♂ ♂ ιε?α?ο.

Les phthoras du genre *enharmonique* sont au nombre de quatre :

$$\rho \quad \rho \quad \varphi \quad \delta$$

La *phthora* ρ est appelée par les musiciens étrangers *atzem*, et chez nous on doit l'appeler *persios*, car la mélodie qu'elle caractérise est venue de Perse 1). Elle se place sur les trois notes ζω (*si*), γα (*fa*), et βου (*mi*). Quand on la met sur le son ζω (*si*), elle a la propriété de le faire descendre de sa position naturelle ; elle substitue à ζω (*si*) la qualité de γα (*fa*), de sorte qu'on représente cette note ainsi : $\overset{Z}{??}$ « ?? est la martyrie de γα (*fa*)» au lieu de Z. Par le moyen de cette phthora enharmonique, le son ζω (*si*) se trouve à une distance d'un *quart de ton* du son ζα (*la*) ; mais, à partir de ζα (*la*), on descend diatoniquement jusqu'au son πα (*ré*).

Quand on monte vers l'aigu, comme le son ζω (*si*) a été changé en $\overset{Z}{??}$, le son να (*ut*) est changé en $\overset{v}{\delta}$ et le son πα (*ré*) en $\overset{\pi'}{q}$. C'est-à-dire que να (*ut*) prend la martyrie de δι (*sol*) et πα (*ré*) celle de ζα (*la*) ; on chante donc *la, si, do, ré*, comme on chanterait *mi, fa, sol, la*.)

Ceci arrive lorsque, au commencement de la leçon, on écrit expressément : mélodie de l'*atzem* ou du *persios*.

Mais, lorsqu'au commencement de la leçon on écrit expressément : ἀτζὲμ ἀσίραν, terme qui chez nous se traduit par *pampersion*, alors l'enharmonicité se mêle à toute l'heptaphonie, qui procède tantôt suivant l'*octave*, tantôt suivant la *roue*, tantôt suivant la *triphonie*.

Lorsque la phthora *atzem* est placée sur le son γα (*fa*), le son γα (*fa*) reste toujours à sa place, mais l'intervalle de γα (*fa*) à βου (*mi*) est diminué d'un *quart de ton* et réduit de 7 divisions à 4. Il perd ainsi 3 divi-

---

(1) L'influence de l'Asie est ici officiellement reconnue.

sions qui profitent à l'intervalle πα-βου (*ré-mi*) et portent le nombre de ses divisions de 9 à 12.

Le son βου (*mi*) est alors représenté par la martyrie de κε (*la*)  de la manière suivante :  , comme si nous descendions de ζω (*si*) à κε (*la*).

L'intervalle de βου (*mi*) à πα (*ré*), accru de 3 divisions, devient un ton *majeur*, comme l'intervalle κε-δι (*la-sol*). Quant à l'intervalle πα-νη (*ré-ut*), il reste ce qu'il était, c'est-à-dire un *ton majeur*, et demeure identique à l'intervalle δι-γα (*sol-fa*).

On représente ces sons de la manière suivante :

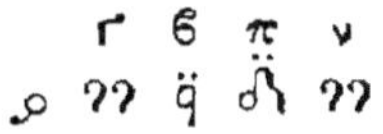

On chante *fa — mi — ré — ut* comme *si — la — sol — fa*.

Cela arrive toutes les fois que nous rencontrons cette *phthora* dans une mélodie étrangère.

Toutefois, il faut signaler une différence dans le cas où l'on aurait caractérisé la mélodie en écrivant positivement, au commencement de la leçon : *Pouselia* (on appelle ainsi la mélodie qui a sa phthora sur γα (*fa*), d'après les musiciens étrangers). Ce genre de musique pourrait s'appeler chez nous genre *dacique*, attendu que presque tous les chants des Daces roulent sur cette mélodie.

Dans ce cas, il faudrait que l'intervalle γα-βου (*fa-mi*) fût d'un *quart de ton*, l'intervalle βου-πα (*mi-ré*) d'un *ton majeur*, et l'intervalle πα-νη (*ré-ut*) d'un *tiers de ton majeur*.

Ce genre de mélodie a une échelle particulière, et marche suivant le système de l'*octave*. Elle monte jusqu'à l'antiphonie (*octave*); et, même au-delà, elle peut s'élever d'une tétraphonie (*quinte*).

Placée sur le son βου (*mi*), la phthora dacique fait descendre cette note de sa position naturelle, de manière qu'il y ait entre elle et la note inférieure un intervalle d'un *quart de ton*. Son action ne s'exerce que sur ces deux notes, βου (*mi*) et πα (*ré*), et ne s'étend pas aux autres sons de l'échelle. Quelquefois, on la place sur le βου (*mi*) de l'échelle supérieure. Placée sur le βου (*mi*) de l'octave inférieure, elle s'appelle ἀτζὲμ γιακουρδί, ou κουρδίον (*kurde*). Placée sur le βου (*mi*) de l'octave supérieure, elle s'appelle μουχαγιὲς γιακουρδί, c'est-à-dire *mélodie kurde* du βου (*mi*) de l'octave supérieure.

Ainsi donc la présente phthora perse ♃, ayant trois positions différentes sur les sons de la gamme, a aussi trois dénominations différentes.

Placée sur le ζω (*si*), elle se nomme ἀτζέμ, c'est-à-dire *persique*.

(Quand elle se mêle à toute l'heptaphonie, elle s'appelle ἀτζὲμ ἀσιράν, suivant nous *pampersique*.

Placée sur le son γα (*fa*), elle s'appelle *pousélique*, c'est-à-dire *dacique*.

Placée sur le son βου (*mi*), elle se nomme κουρδίον ou ἀτζὲμ γιακουρδί.

La phthora ♃ se nomme chez les musiciens étrangers *nishampouri;* nous l'appellerons *semi-persique*. Elle commande à une tétraphonie de cinq sons et se place sur δι (*sol*). Elle réduit l'intervalle γα-δι (*fa-sol*) à un *quart de ton*, et forme entre γα et βου (*fa* et *mi*) et entre βου et πα (*mi* et *ré*) des *tons majeurs;* ce qui donne trois *tons majeurs* de suite, puisque l'intervalle de πα (*ré*) à νη (*ut*) est naturellement d'un ton *majeur*.

Cela revient à une substitution du son νη (*ut*) au son δι (*sol*) par la phthora de νη (*ut*), avec la seule différence que l'intervalle de νη (*ut*) à ζω (*si*) (qui est d'un *demi-ton*) se trouve réduit ici à un *quart de ton*.

(On chantera *sol, fa, mi, ré, ut,* comme *ut, si, la, sol, fa,* avec cette différence que de *sol* à *fa* on fera un *quart de ton*, tandis que d'*ut* à *si* il n'y a qu'un *demi-ton*.)

Remarquons que la *phthora persique* ♃ a été assignée par les musiciens à la *triphonie enharmonique* et la phthora *semi-persique* à la *tétraphonie* du même genre.

Examinons le rôle des deux autres phthoras ♀ et ♂.

Celle-ci ♂, lorsqu'elle est placée sur le son ζα (*la*), affecte la note ζω (*si*) d'un ὕφεσις.

Celle-là ♂, placée sur le son γα (*fa*), affecte le son βου (*mi*) d'un δίεσις.

L'action de ces phthoras ne porte que sur un son isolé ; elles n'impliquent ni changement dans l'ensemble de l'échelle, ni *résolution*.

Elles ont la même propriété lorsqu'on les place sur d'autres sons.

Il y a encore deux autres phthoras : ♂   ⁓ϴ⁓. La première ♂ est appelée par les étrangers *mustaar*, et chez nous *trigène*, attendu qu'elle participe aux trois genres de musique.

Placée sur le son δι (*sol*), elle demande, en tant que *chromatique*, que l'intervalle δι-γα (*sol-fa*) soit d'un *tiers de ton majeur*.

En tant que *diatonique*, elle demande que le son βου (*mi*) conserve la position qu'il occupe dans l'échelle du genre *diatonique*.

En tant qu'*enharmonique*, elle demande que l'intervalle βου-πα (*mi-fa*) soit d'un *quart de ton majeur*.

Cette phthora a le même pouvoir, quel que soit le son sur lequel elle est placée.

Elle se met aussi sur le πα (*ré*) de l'octave supérieure, comme on le voit par l'échelle particulière de cette phthora.

La phthora ⁓ϴ⁓ est nommée par les musiciens étrangers *hissari*; chez nous on l'appelle *digène de Magnésie*.

Elle a deux propriétés.

Placée sur le son κε (*la*), elle demande pour le premier son ascendant un ὕφεσις, et pour le premier son descendant un δίεσις.

Elle introduit aussi, dans la mélodie, l'échelle du genre *semi-chromatique*, dont on emprunte la martyrie pour représenter le son κε (*la*) de cette manière : ⸲⸸⸲ .

Placée sur le son γα (*fa*), elle conserve son action et donne au son γα (*fa*) une valeur *enharmonique*. Elle exerce la même action si elle est placée sur d'autres sons.

Il faut savoir que la présente *phthora* (*digène de Magnésie*), placée sur les sons de l'échelle *semi-chromatique*, peut agir sur chaque diphonie suivant le genre *semi-chromatique* ou suivant le genre *diatonique*, sans changer la *martyrie*. Si elle se trouve dans la première diphonie, sur le son πα (*ré*), elle modifie l'intervalle de la *diphonie* suivant le genre *semi-chromatique.* C'est ce qu'on exprime par cette martyrie : π . Placée dans la seconde diphonie sur le son γα (*fa*), elle modifie l'intervalle suivant le genre *diatonique*, sans changer la martyrie ; placée dans la troisième diphonie, sur le son κε (*la*), elle modifie l'intervalle suivant le genre *semi-chromatique* ; et dans la quatrième diphonie, sur le son νη (*ut*), suivant le genre *diatonique*.

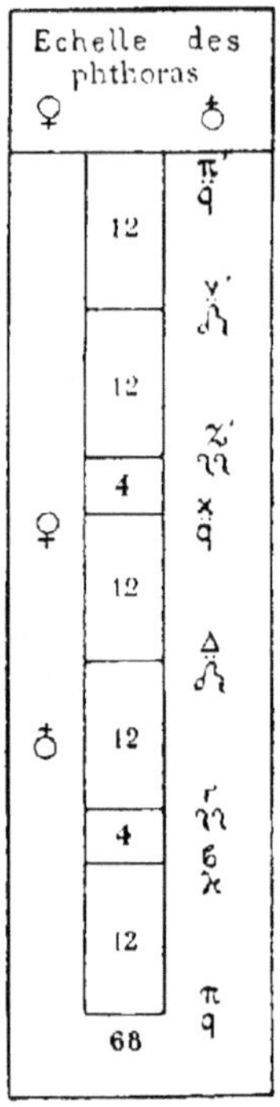

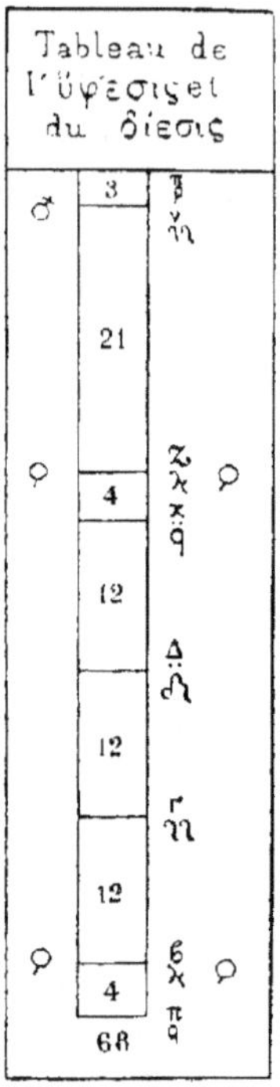

En résumé, il y a 18 phthoras : 8 diatoniques, 4 chromatiques, 4 enharmoniques, une phthora *trigène* et une *digène*.

On emploie en outre, en musique, deux autres espèces de *phthoras*. Ces deux signes sont l'ὕφεσις et le δίεσις.

Ils s'emploient indistinctement sur tous les sons.

Ils ne peuvent changer ni la mélodie ni les martyries qui l'expriment.

Ils ne réclament aucune résolution et n'introduisent aucune substitution d'échelle, comme on le voit par le tableau ci-joint.

Quand on va *du grave à l'aigu*, on emploie les signes ci-dessous :

Pour exprimer *un quart de ton majeur.*	ϼ :	3	div.
— *deux quarts* —	ϼ :	6	»
— *trois quarts* —	ϼ :	9	»
— *un tiers de ton majeur.*	ϼ :	4	»
— *deux tiers* —	ϼ :	8	»

Quand on marche *de l'aigu au grave*, on écrit les signes au rebours : ♂ ♂ ♂ etc...

Tels sont, dans notre système de musique, les signes des *phthoras* appartenant à tous les genres.

Telles sont les subdivisions des intervalles suivant chaque *phthora*, au point de vue théorique et pratique.

Si un musicien de notre système n'accepte pas notre division de l'échelle *semi-chromatique*, division que nous avons établie en prenant pour base le genre *chromatique*; s'il refuse également d'admettre notre division de l'échelle *enharmonique*, division basée sur l'échelle *diato-nique*, ou son oreille est insensible, ou il est étranger à la science musicale. Dans ce cas, ce n'est pas un musicien, c'est une cymbale qui résonne!

Paris. — Typographie Georges Chamerot. 19, rue des Saints-Pères. — 6302.